我經營著一家
叫「媽媽」的店

暴龍媽媽——著

序

二〇〇六的夏天，大學二年級那年暑假，我突然好想到香港一探究竟，就這樣，一個人第一次來到香港。

那趟旅程印象最深刻的是我在尋找某家超市時，一位熱心的師奶帶著我走過大街，穿越了幾條小巷，一路走一路聊，她說她很喜歡台灣，才剛剛和家人去了台灣玩，最後道別時她熱情地祝我在香港玩得開心。

其實當時第一次來香港，香港的食物我是吃不習慣的，但卻因為那次的相遇，我對香港留下了美好的印象。

沒承想原來與香港的緣分比想像中還深。

二〇〇八年在英國做研究生的時期，遇見了來自香港的他。一開始是被他的「港腔國語」所吸引，覺得好可愛，也就只是那麼膚淺的理由讓我今後的人生與這個人緊扣。

相戀兩年多後，我們決定步入婚姻。二〇一一年的夏天，我正式移居香港。

結婚後，享受了四年的二人世界，並且讓自己真正適應了香港。我們終於迎來了我們的兒子，由兩個人變成三個人。現在想起，我很慶幸當時沒有在結婚後就馬上當媽媽，而是自己先經過幾年的適應及調整，才準備好迎接孩子的到來。

剛來的頭幾年，每次回台灣總是會形容那是「回家」。隨著時間的推移，加上有了孩子後，慢慢地我發現香港對我來說愈來愈有「家的感覺」，對香港的歸屬感也愈來愈強烈，我不是旅居在此，原來這裡也是我的家啊！

現在的我，走在香港街頭，偶爾會聽到台灣旅客的說話聲，有時會忍不住「主動」指點迷津，告訴他們「嘿~推薦你們去吃哪家比較好吃」或是「哪裡買甚麼比較划算」。也曾在我台灣的家附近，見到香港旅客陷入困惑時，伸出援手。

這兩種相遇對我來說都有種遇到「同鄉」的感覺，最後我也都會祝他們在當地玩得開心，就像當年我第一次在香港偶遇的那位師奶一樣，我希望他們都能感受到我的善意以及喜歡「我的家鄉」。

這本書是關於我在香港及台灣間的生活日常，有為人母的辛酸、快樂，異鄉人的見聞，穿梭兩地的體悟，以及一些對生活瑣碎小事的呢喃。

謝謝你翻開這本書，與我一起經歷平凡生活的點點滴滴。

PART I
7-11 生活日常

PART II
就是孩子氣

PART III
異鄉人有感

PART IV

中女的ME TIME

PART V

老去的身影

SURPRISE TABLE

驚喜餐桌～

PART I

7-11 生活日常

小生活的儀式感

我是全家最早起的，也是最晚睡的那個。

不是因為我真的那麼多事忙，純粹就是，晚上兒子上床去睡了以後，我突然又覺得，人很精神了。

明明今早起床的時候覺得好勞累，告訴自己今晚要早早休息，結束這樣勞累的惡性循環，但偏偏到了晚上，感覺自己經營的那家店終於拉下店門，可以心中毫無牽掛地去做自己的事了，我卻又捨不得那麼早睡了。

孩子開學後的每天，早上六點起床，簡單洗漱後，我就開始準備給孩子帶回校的午餐便當，然後準備早餐。

冬天的時候，窗簾拉開，一邊做菜還能一邊感受天色的變化，由天黑做到天亮，做完了，有時候趁著天亮時的日光，還會幫便當拍照打卡。

當然，也要非常留意時間（笑～）。

相信我媽以前也都是這樣的。

而到了孩子「必須起床的時間」時限前五分鐘，便開始執行「喚醒任務」。直到最後一刻鐘務必要叫醒還在賴床的孩子時，我的聲音也會愈加急躁，音量也會隨之加大，偶爾聲響太大，不小心把先生也一併吵醒了。

然後，他就會幫忙把孩子打點好，再合力把孩子送上校車，解決了清早最重要的一項任務。

還記得以前小時候，我會先把體育服穿在身上直接睡覺，只是為了隔天早上可以多賴床兩、三分鐘吧。

因為當年在台灣沒有嚴格規定學校制服或是體育服要在指定日子穿著，所以我每天都是穿體育服去上學，而且我發現很多同學都是幹著一樣的事情。

我曾半開玩笑地把這個建議告訴兒子：

「喂，你不如先把體育服穿上，明天早上就不用換了喔！反正體育服不會弄皺！」

沒想到，這個平時不修邊幅的孩子，卻堅持睡覺時就是該穿睡衣，應該算是一種不可動搖的儀式感。

不像我們以前那個年代的孩子，大家都是隨隨便便地過生活，翌日上學根本沒人看得出來你是穿著體育服睡覺。

不過，我大概可以理解那種堅持，就是明明玻璃杯也可以拿來喝咖啡，但我還是只會用馬克杯去裝咖啡那樣吧。

生活就是莫名地多了很多不成文規定的儀式感。

家庭主婦這份職業

以前的我，從未想過自己會是所謂的「家庭主婦」、「全職媽媽」。

從小到大，學校老師傳授的知識，甚至能接觸到的大部分書籍，都沒有誰／哪裡跟我們有好好介紹過「家庭主婦」這份工作，理所當然，我也不知道有這個職業。

小學時講我的志願，同學們輪流說著——老師、醫生、律師、消防員、警察等這幾個職業，當年的我也隨波逐流，隨便講了我想當老師，偶爾會換一下說自己想當護士。

其實老實說，當時的我根本不知道長大想做甚麼，明明是還很遙遠的未來，為甚麼現在就要決定？

兒子出生前，我也是像大部分人一樣，擁有一份朝九晚五的工作，沒有認真想過要因為孩子而改變生活現狀；又或者是說，當時還沒意識到孩子的到來可以帶來多大的轉變。

直到孩子出生，我才明白了，原來父母對於孩子的牽掛可以如此之深。

一直以為，只要家中長輩願意代勞，我仍然可以正常去上班。我們家的長輩都很樂意幫忙照看小孩；反而是我，總覺得應該要親自照顧孩子。

當年孕期中的我，因為胎盤老化，無法供應營養給胎兒，所以被迫提早催生。兒子一出生，便因體重過輕，並且患有黃疸，而必須留院治療。

當時每天掛著眼淚，忍著產後的不適及脹奶之痛，去醫院探望兒子的感覺仍歷歷在目，我本能地想對這個孩子多些呵護。

產假結束後，返回工作崗位。

每天仍堅持定時擠奶（用泵的），只因為那是在職的我能為孩子做到的。

後來，因為疫情的關係，我多出了許多時間在家，也和兒子在台灣住過幾個月，讓我終於下定決心，要當個「全職媽媽」。

我覺得，當家庭主婦就是由很多生活小碎片組成的工作，偶爾都會聽到一些雜

音，好像是在嘲笑或是輕視，像是……

「果然是閒著沒事做，才會連這些小事都要親自去搞。」

初時有點不好受，好在至今我當媽經歷多年，早就把那些雜音自動靜音了。

我真的覺得，心態決定一切。

既然選擇要當全職媽媽，我就決定要好好照顧這個家，必須自己承受箇中滋味，那肯定是「酸甜苦辣」都有；雖然一定有辛酸，但是這份工作也給我帶來了很多幸福感。

自從當上家庭主婦後，除了照顧家人，我也更懂得照顧自己。

我活得很快樂，當媽媽讓我生命更充實。

出去上班能得到金錢的收穫，但是當全職媽媽的「性價比」更高。

有時候抱怨完，生活還是要繼續，每個人都有心累的時候，累的時候一定要休息，休息完再把自己拾回來，笑著面對，總好過怨天尤人！

不論是出去闖蕩當個在職婦女，或是在家當家庭主婦，都是個人喜好。

找到自己最自在的生活方式，才是王道。

而我……就喜歡當「黃臉婆」啊！

當了家庭主婦，我才發現，原來自己很擅長收納、清潔、烹飪，能把家裡的家務細節都打理好，家人的需求都照顧周到，那就是我最大的成就！

一日三餐，四季如是

就算隨便煮也是愛。

我們家的習慣，是平日每天都會在家吃晚餐，主要並不是出於經濟的考量，畢竟有時候自己做飯的成本比外食還高，因為我們往往都會購買一些優質的食材來煮食。

在家自煮，是因為一來比較健康，二來比較有效率，出去吃或是外賣的等待時間比較難預料。我自己煮的話，時間能掌握得比較好。

雖然買菜、事前準備及事後收拾，加起來要花費的時間、精力也很多，但這些時間我都願意轉嫁給自己，只為了小朋友、先生回家後，能盡早吃上飯，畢竟上班、上課一整天都夠累了，省下的時間，能讓他們做更有意義的事，例如說早點上床休息。

當然，也慶幸自己是家庭主婦，才能專心做好這些瑣碎的日常小事。

對我來說，這算不上是甚麼多辛苦的事，早已習慣這樣的日子。

今天下午買完晚餐的菜後，一個人在咖啡店喝咖啡稍作休息，聽到鄰座的兩位年紀稍長的「師奶」[1]在聊天，其中一個話題，就是一人說她兒子的一家經常都是吃沒營養的外賣做晚餐，她沒有一句是直接講出對媳婦的埋怨，但由她的語氣，感受得到全是不滿。

雖然我能一日三餐包辦，但我並沒有因為自己盡了所謂「家庭主婦的責任」而感到驕傲，我聽到這段對話，只有一個想法：

「你又要她出去上班，又要她每天煮晚餐，到底想怎樣？」

我心裡默默在替那位媳婦翻著白眼。

回到家後，一邊在做晚餐，一邊就想起，以前還在上班的日子。

每天下了班，就算有時間去買菜，根本也沒心情去煮飯了，因為就算再輕鬆的工作也會消耗人的精氣神，並且使得我們感到飢餓，想趕快吃上飯，外食時常都是迫不得已的選擇。

1—「師奶」為廣東話，是對已婚女性、通常是指年紀較大的家庭主婦的俗稱。

所以，當我聽到我某位朋友除了上班之餘，每天還能早起為孩子準備飯盒便當，而且早餐、晚餐也包辦，那真的是我心目中的強人！

然後，我就想到，以前我媽媽也是這樣。因為她是幼稚園老師的關係，每天下午大約四、五點便下班，早下班就早早準備晚餐，晚上六點半準時開飯，每一天都不曾改變，那便是我們家的傳統。

直到現在，我爸爸雖然一個人，他仍是準時六點半開飯。

以前我們都不愛吃媽媽做的飯，時常還會找理由不回家吃飯，因為她是吃素的，我們也要跟著吃素。小時候的我對於「素食」這個概念非常抗拒。

但是，她離世以後，我卻會突然好想吃她親手包的素雞腿，裡面有滿滿的餡料，口感超棒。

媽媽在夏天還會煮綠豆湯給我們消暑，又會將吃不完的綠豆湯變成清涼的冰棒。

她連煮給我們的泡麵都是素的，但她會幫我們加蛋、加菜，加很多配料，讓本身沒甚麼營養的泡麵變得稍微有營養一點。以前我曾經對這種「沒有肉」的食物討厭得要命，現在卻會懷念那種味道，就算去買了同牌子的泡麵自己煮，卻再也煮不出那種味道來。

記憶中的味道如此美好，卻再也品嚐不到了。

曾在網上看見這句人生語錄：

「這個世界上，願意陪你吃飯的人不少，但不是所有的人都願意花心思給你做飯。所以，請珍惜每一份熱氣騰騰的飯菜，珍惜那個願意為你洗手做羹湯的人。」

精明師奶的挫折

雖然家樓下已經有街市跟超市，但像我這樣的家庭主婦，就是會有一股「尋寶癮」，喜歡去別的地方挖寶、尋便宜的，即使花上交通費及額外時間，根本不符合經濟成本效益，但這種購物歷程本身就是是一種樂趣。

某天，千里迢迢去了一個遠方的街市買餸菜。

見到好久沒買的冷凍烏冬，雖然很重，但見到一包 $35，兩包 $50，實在是划算啊！那肯定是要買兩包啊！

儘管購物袋已經被塞到幾乎爆滿了，還是硬把兩包烏冬強行放入。

終於心滿意足，可以踏上歸程了。

可是還未走出市場，購物袋手提帶就斷掉了！

買的餸菜全部散落一地。

正想著該怎麼處理這個殘局時，站在旁邊的保安員見到，給了我一個垃圾袋裝起所有掉在地上的東西，解救了我。

而我就捧著一大袋「垃圾」回家。

這還不是最慘的……

結果，隔天發現，那兩包該死的烏冬，在我家樓下的街市就有一模一樣的，而且一包直接特價 $25。

不自量力的多買以及對價格的誤判，對於我這個自認精明的師奶來說，實在是……超有失敗感。

沒關係，更加精明的師奶都是練就出來的，繼續練功！

家庭主婦不丟臉

某次因緣際會下，赴了一個不太熟悉的朋友的約。

他邀約我的原因，是希望跟我合作做生意，出來見面聊聊看。

老實說，我對做生意是一點興趣也沒有，但他是某位長輩介紹給我的朋友，礙於情面，我不好意思拒絕，於是赴約了。

赴約地點，是在某個門面像辦公室的地方，進去看見是一個開放的空間，擺放了許多小小的圓桌，有好幾組人正坐著在那邊傾談著，幾乎坐滿了整個空間。

剛坐下，幾句閒話家常，就開始進入「主題」了。

他熟練地拿出 iPad 開始介紹。幾分鐘後，我就意識到——

噢……是傳銷啊！

然後，他就開始鼓吹我加入「創業」行列，說我找到了下線可以賺多少，自己消費同時又能賺錢等聽似「穩賺不賠」的經營模式等，畫了很多美好的大餅給我，總之就是那些可以想像到的直銷話術都用上了。

「更何況，」他又說：「你的專頁上那麼多粉絲，很容易就達標了，肯定會很成功！」

在社交平台上有屬於自己的專頁，雖然也只是幾萬人，但擁有一群肯聆聽我的觀眾們是很難得的，我一直都覺得自己很幸運，並且很珍惜，所以我不想要用他們對我的信任來進行所謂的「創業」，拉著他們一起下水。不敢說一定會有人失敗，但當中只要有一個人失敗了，也足以讓我良心不安啊！

在講了一個小時後，他的主管就出現了。

她很有技巧地使出了讓我會踩低自我尊嚴的說服策略，像是「家庭主婦沒有經濟能力」、「粉專總有一天會面臨下坡」等，總之就是將——「家庭主婦就是一文不值，你的專頁也不可能永遠那麼順利，不創業就無法規避這些風險等……」這些荒謬的理由都牽扯上了，「應該要趁現在，好好利用你有的人脈資源創業。」

嗯……跟你們一樣？

在他們浪費了我兩個小時後，我起身告訴他們：

「抱歉，我要接小孩放學了！」

道別之後，頭也不回地離開了。

人情啊，可以一瞬間就消耗殆盡。

其實他也沒甚麼錯，傳銷也是一份職業，他也沒有迫我「創業」，只是我跟他的友情及聯繫就到此為止。

如果終結這段友情的代價就是兩個小時，那好，你拿去吧！

我理直氣壯地走在接小孩放學的路上。

覺得就算當個一事無成的家庭主婦，也沒甚麼好丟臉的。

易碎玻璃心

剛當媽媽的頭幾年，心思總是特別細膩敏感，日子真的過得很累，餵哺純母乳的二十八個月，我兒子又是屬於高敏感寶寶，需要特別多精力去關注。

因為家裡沒請家傭，每天除了照顧小孩，還要處理生活大小家務及雜事，睡眠時間嚴重不足，心情煩躁，所以人家一講甚麼就容易「玻璃心」。

而我又是比較內向的人，不敢反抗，結果愈想愈氣愈委屈。

有時候，別人可能也只是無心的話，但我還是會氣在心裡，總是內耗自己，卻解決不了心中的徬徨不安。

經過幾年家庭主婦生活的習慣及磨煉，加上兒子也漸漸長大了，個人時間變多了，心情變好了，才發現要活得快樂就是……

別對甚麼事都有反應。

例如說，現在最常遇到就是——「你兒子上學後你應該很自由吧。」、「你就好

啦，在家當少奶奶。」等等。

現在再聽到這些，已不會有甚麼不舒服的感覺了，可能人家根本只是無心之言。

而如果真的是想酸你，對於那種人，那就更加毋須解釋。

我會順著他／她的話說：「對啊～有時候真的太閒了，好無聊喔，我下午還去睡午覺呢！」、「真的覺得自己好像廢人喔，一直在家休息。」……

通常自己主動講完這些，那些陰陽怪氣的人就不會想跟你繼續談論這個話題了。

反正這種未經了解就對你先下定論的人，我們也不需要對他／她的話太過認真，「隨便應付」他們就是最好的應對！

我記得前幾年很流行那種講全職媽媽多辛苦、多辛酸的網路潮文，看了都心有戚戚焉，然後自己默默上演著悲情的內心戲。

其實啊，全職媽媽幹嘛一定要很苦情呢？我們也有我們的快樂啊！一直想著自己多苦多累，那就會永遠那麼苦那麼累，一直在意別人眼光，搞得自己渾身不自在，多累啊！

自己的快樂是自己給的。

全職媽媽可以是一家人幸福快樂的推手，也有能力讓自己自由快樂，何必選擇當深宮怨婦呢！

最近在網絡上看到的一段話，令我很有感：

「一個女人的一生，最應該學會的不是掙錢，也不是打扮自己，而是無論遇到多大的人生風雨，都有讓自己快樂起來的能力。出身，你沒有辦法選擇；婚姻，有時真的是靠運氣。你唯一能讓自己過好這一生的，就是具備調整自己情緒的能力。如果父母疼愛，夫君相伴，那就不鬧不作，好好珍惜。如果親情淡薄，遇人不淑，那就為自己而活。生命已然那麼苦澀，更沒有必要讓自己悶悶不樂。」

不論你身處人生的甚麼階段、扮演甚麼角色，你都值得擁有快樂，不要被誰左右了你的生活。

期待週五

星期五，是我最喜歡的一天。

兒子放學後，不用急著監督他做功課，他坐躺在沙發上，一邊吃著餅乾、一邊看漫畫，等休息到心滿意足，他才打開書包隨意做一、兩樣功課，做不完也不用擔心。

我把他從學校帶回的便當盒、水杯洗乾淨，也不用急著做晚餐。

慢條斯理地做著一些「不急著要做的家務」，例如說，擦或不擦都不會影響日常生活的玻璃窗、電視機上面的灰塵、飲水機上的水漬。

把家裡收拾乾淨，吸塵拖地。

打開洗衣機，洗好晾好衣物。

等著先生下班回家，我們可以一起步行去家附近的餐廳吃頓晚餐，抑或是一起踩單車到三公里外的科學園，那邊有幾間迎著吐露港的餐廳，一邊享受著湖面吹來的風，不趕著回家，不急著上床睡覺，把肚子裡的食物好好消化了才走也不遲。

就這樣好好地享受，週五的緩慢。

早場電影

有了小孩以後，看電影成為了其中一項可以親子共樂的活動，只不過，通常都遷就小孩的喜好，我們看的大多是卡通動畫片。

在香港看電影的花費不便宜，一家三口的話，又要買些爆米花等「電影良伴」食物，加起來的金額更是驚人。所以，我們常常都會選擇去看價格比較相宜的早場電影。

然而，帶小孩看早場電影，實在……太好睡了。

早起當然是其中一個原因，加上通常觀看的卡通動畫片對我們大人來說，感觀的刺激及劇情沒有那麼地緊張，反而更加助眠。

已經忘了有多少次，我都是在早場的戲院裡補眠。

有一次跟老公、兒子一起去看《功夫熊貓4》，我忘了內容是甚麼，只記得在我大笑過幾次後，就漸漸進入夢鄉了……

中途試圖幾次睜眼，畢竟也是花了錢進來卻在睡覺總有點良心不安。

偷偷往老公的方向一瞄，發現……

鄰座的老公也在睡覺！

雖然感覺我們花錢去睡覺有點虧本，但比起夜裡的輾轉難眠，戲院裡這一段的睡眠時間，往往都是很優質的快速補眠，能迅速充電。

相比起時下流行的睡眠治療中心，早場電影的治療效果，性價比應該算是還不錯的吧（笑～）。

爸爸與媽媽的差別

一到假日，平日忙於工作的老公，時常都會空出一天跟兒子度過，那是屬於他們兩個的「Father and Son Day」。

而我呢，就可以理所當然地享受我的「Me Time」，一舉兩得，大家都很滿意這樣的安排。

當我們享受各自的假日時，也還是會不時互傳訊息、照片，讓對方知道自己的行程。這是種很幸福的感覺——既享受著屬於自己的時光，一邊也看著他們開開心心地遊玩，很安心。

前兩天，他們的「Father and Son Day」活動是踩單車去吃午餐，這是再適合他們不過了。

我怕熱又怕曬，兩個男孩不怕烈日當頭，只為了享受踩單車的快感及努力過後能夠大快朵頤的一餐。

而我則正在獨自享用著我的咖啡。

突然，收到老公傳來的訊息。

一張兒子手腳流著鮮血擦傷的照片，告訴我因為下坡時來不及煞車，他摔車了。

當下我直接撥通了老公的電話。

「怎麼樣？有沒有事啊？嚴不嚴重？」、「阿仔一定哭得很慘吧？」

聽到我緊張的語氣，老公跟我說明情況，反而是他安撫了我的擔心。

掛斷電話後，我還是忍不住傳了好幾個關心的訊息，畢竟看到照片中的兒子正在流血，我實在實在放心不下。

晚上回到家，講到今天兒子摔車的事，老公跟我說：

「果然，媽媽就是不一樣耶。」

「嗯？怎麼了？」我問他。

「你第一時間是擔心他的傷勢，我第一時間卻是把他罵了一頓。這就是爸爸跟媽媽育兒的分別吧！」

我說：「但是他都流血了，一大片擦傷，看了超心疼啊！怎麼還忍心罵他呢！」

老公繼續回應我：「我也心疼啊！但我早就跟他說過好多次，下坡的時候要專心，要按煞車減速，他就是心不在焉才會摔車，所以我生氣！而且他是男孩子啊！根本就是一點皮肉傷而已，反正他也沒哭，小事一樁而已。」

嗯，他說得好像也對。

小孩子就是這樣磕磕絆絆長大的。

誰的童年不是那樣？摔過受傷過，才能得到教訓。

但身為媽媽每次看到小孩那些流血、流淚的時刻，就是會忍不住心軟又心疼啊！

小執念

生活啊，有時候過得太規律，就無法允許那些稍微的不規律出現。

家裡的兩位大小男孩（大男孩指的是我老公～），洗澡脫衣都是直接脫下，脫下來的衣服總是反面的。

小時候，媽媽總是提醒我們，要把衣服翻到正面才放入洗衣籃。

長大後，身為家庭主婦的我，才明白這樣可以減輕做家務的負擔，所以總有種感覺「把衣服翻成正面」是必須養成的「好習慣」。

我照著我自己的認知，試圖想要讓他們養成這個習慣。

耳提面命了幾次以後，當我看到又有反面衣服出現在洗衣籃的時候，我惱火了。

然後賭氣地照樣洗，洗好了就反著摺好。

他們不翻正面，我也不幫他們翻好。

幾次過後，我發現反面摺好的衣服放到衣櫃，他們還是照穿無誤，也沒有收到他們任何投訴，像是「為甚麼衣服是反的？好不方便啊！」之類的不滿情緒。

本來我預期會有，然後我便可以順理成章地「曉以大義」（笑～）。

結果，一次都沒有。

再多幾次後，我發現我也完全習慣了。

想一想，對我來說……衣服翻不翻到正面其實都不會影響到我。

既然你們看著反摺的衣服沒意見，也知道穿之前要把衣服翻到正面才穿上，那我又執著那麼多幹嘛呢？

其實有些小執念是可以放棄，沒甚麼大不了的。

不要把僅限於自己的執念加諸別人身上，那是無效的。

離家出走

婆媳相處，向來都是千古難題。

曾跟好姐妹聊過，我們都一致認同——遇到好公婆，比遇到好老公，更加難。

香港地少人多，與公婆同住一屋簷下也是常態。所謂「相見容易相處難」，婆媳問題往往被推至不可收拾的地步。

聽過不少「精彩」的婆媳故事，都讓我心有戚戚焉。

不是因為我也正經歷惡劣的婆媳關係，而是作為一個女人，我明白那種劍拔弩張的緊張，肯定不是平白無故發生的。

女人嘛，就是麻煩！

每當我分享我跟我奶奶之間的相處關係，以及曾經發生過的事情，聽過的朋友幾乎都是驚掉下巴：「哇！你膽子還真大！」

故事發生在兒子出生那時。

兒子剛出生時，因為體重過輕，以及黃疸的關係，必須留院治療。產後第三天，我就只能獨自拖著勞累的身體及擔憂的心情回家。

回的不是我家，是我奶奶家。

當初她信誓旦旦，要我生完孩子以後去住她家，產後虛弱由她來幫忙照料我們母子。

一回到家，整個人就覺得很失落，因為脹奶而濕透的內衣，讓我有點不知所措。

第一次當媽媽的感覺很莫名其妙，神經緊繃又無所適從。

因為小孩不在身邊，每隔兩個小時只能忍痛手擠母乳，不擠的話，乳腺塞住，除了會更加疼痛之外，還會造成退奶，這樣小孩就喝不到母乳了。

母乳的好處在無數的產前講座及產檢時被重複提起，我就被深深灌輸了勢必要餵母奶的觀念。

所以，我只能努力擠啊擠啊，希望明天去醫院探病能給孩子帶上足夠的母奶。

兩邊乳房都擠了，卻只是出了連10ml都不到的產量，感覺無比地挫敗。

事後才知道原來一開始擠的叫做「初乳」，產量就是這麼少而已。

將那珍貴的10ml擠入奶瓶後，我請老公幫我拿去廚房的冰箱保存。

老公一出房門，就遇到我奶奶。

隔著房門，我就聽到了我奶奶說了一聲：「哇，這麼少！」

然後，我的理智線就斷了。

內衣都沒穿好，赤裸著上身，我就在房間裡放聲嚎啕大哭。

老公也被我嚇傻了，趕緊進房安撫。

忘了當時一邊哭一邊咒罵著甚麼，只記得心裡頭千萬個委屈及不開心瞬間爆發了。

孩子還在醫院，我非常憂慮，一邊擠著奶一邊想著孩子甚麼時候才能出院，還要擔心奶擠不出來，結果奶奶的那一句「哇，那麼少！」徹底把我弄崩潰了。

到了晚上睡覺，翻來覆去，思緒一直無法寧靜，又想到奶奶不管不顧一個產婦剛剛生完的虛弱身體，晚上還煮了那麼寒涼的菜色給我吃，我怎麼坐月子啊？

半夜十二點坐起身，我打包執行李「離家出走」，賭氣地步行走回了「我們自己的家」，老公一路跟在我後面不敢說話。

一個禮拜過後，孩子終於出院跟我們回自己的家了。

我開始過著日夜顛倒的照顧嬰兒的生活。

某天下午，我老爺突然打來電話，說有東西要給我，讓我下樓拿一下。

下了樓，馬上就見到我奶奶拿著一束鮮花遞給我說：「對不起，媽咪不是故意的。」

然後，我又嚎啕大哭了。

抱著我奶奶，也跟她說了「對不起」。

沒錯，產婦的心靈，就是如此脆弱易碎。

回想起那件事，我會內疚。

我相信那就是奶奶的一句無心之言，而且奶奶的生產經驗已經是三十多年前的事了，加上她當年是在國外生產，根本沒有甚麼坐月觀念，不能怪她。

而這十幾年相處，我覺得我奶奶就是直來直往的人，根本不是那種尖酸刻薄會故意講酸言酸語的人；相反地，我覺得她很大方。

慶幸的是經歷過這一切，我跟奶奶沒有任何芥蒂，反而彼此關係更加好了。

這種感覺有點像是……

大吵一架後還能做朋友，那才是真朋友！

話說最近剛好老公的某位朋友家裡也喜獲麟兒，他的朋友跟他分享了自家太太產後情緒不穩的情況。深切體驗過老婆產後脆弱易碎的情緒，以及裡外不是人的過程

後，老公給出了一個簡短及有效的方法：

「閉嘴吧！千萬不要跟剛剛生產完的產婦爭輸贏！千錯萬錯，都說是自己的錯就對了！」

床頭吵床尾和

怎麼這種事時常發生？

早上一邊準備著兒子的餐盒，一邊跟睡眼惺忪準備出門的老公確認晚餐想吃的菜式。

嗯～沒問題，都是等一下去街市便可以買到的食材。

他也很了解我買菜及做飯的習慣，並不會在平日要求吃太複雜的菜式。

閒聊了幾句家常，他便出門了。

等他出門上班，我才猛然想起……

「咦，不是啊，我怎麼會跟他講話 ?!」

昨晚明明跟他吵架了，我還生著悶氣去睡覺的呢！而且他也沒有哄我，就直接去睡了！

可是現在卻怎麼也想不起，昨晚我到底在氣甚麼？

這樣的事情，時常發生。前天晚上氣得要命，隔天就忘了自己在生氣。就算記起了，想一想根本就是一些雞毛蒜皮的小事，算了吧。

這就是夫妻啊！

以前剛剛結婚時，常常「很認真」吵架，甚麼都放心上，總是想爭輸贏。吵不贏，就想起自己遠嫁過來的許多委屈，氣到不肯睡，就算睡去了，隔天早上還能繼續吵。

孩子降臨我們生活的頭兩年，更有無數理由讓我們爭吵。尤其是夜晚，特別容易吵架。有無數次氣到想訂機票回台灣，但最後仍沒有按下購買鍵。

兩個人畢竟是兩個不同的個體，就算是十幾年的相處，不論有多了解、多熟悉，也不可能完完全全磨合。

偶爾，還是會吵架。

只是現在的我們都悟出了一些讓彼此都舒服的相處模式，以及最重要的道理——

吵架太傷神了，尤其是晚上⋯⋯

別耽誤睡覺的時間比較重要。

早上醒來陽光明媚，又是美好的一天，甚麼怨氣都留在昨天吧。

中秋柚子

中秋當天，鄰近傍晚，才想到還沒買柚子。

雖然不是特別喜歡吃柚子，但總覺得月餅要配上柚子，才有氣氛。這是從小我們家就有的傳統，然後我就把這個習慣帶來香港了，雖然發現在香港好像並沒有把柚子定義為中秋節必吃的食物。

決定到家樓下商場內的超市看看。

見到了台灣文旦柚，一顆十元、兩顆十六元。

為了性價比，腦海裡糾結著該買一顆，還是兩顆。

正在思考的同時，突然有一位年約七十多歲的老太太站到我身邊，彷彿看穿了我的煩惱，對我說：

「小姐啊，你是不是也想買柚子啊？我也想買，不如我們一起買，這樣比較便宜。」

煩惱突然迎刃而解。

我覺得驚喜，所以回覆老太太：「好啊！我正煩惱如果買兩顆回家吃不完怎麼辦。」

老太太也回應我：「是啊，剛剛我都在想這個問題，正準備要走了，看到你在這裡站著，我猜你可能也在考慮一樣的事情。」

此時，她一手提著已經裝滿的購物袋，猜想她應該是本來已放棄了想買的念頭，也結好帳要離開了。

她掛著和靄的微笑，體貼地問我：「有沒有其他東西要買，我等你買完。」

我說：「沒有、沒有，我就只是來買柚子而已。」

我們兩個一起去收銀處結帳，我快速地拿出了八達通付款，同時間，她也從她的零錢包裡拿出八元遞上給我。

我拒絕了。

我跟她說：「沒關係，其實我本來就已經打算買兩個的，只是怕買了兩個浪費了，請你吃吧！」

「這樣不好吧，我給你錢吧！」

「不用啦，今天是中秋節，小錢而已，大家開心就好！」

她抵擋不過我的熱情，答應了。

然後我們就在店門口道別，並說了聲：「中秋節快樂！」

正當我即將離開商場的時候，又聽到了那位老太太的叫喚聲。

她連忙追上我，手上拿著一盒小盒的牛奶，遞上給我，跟我說：

「這個給你喝，剛剛這個又是買兩盒比較便宜。」

我們兩個相視而笑。

我覺得老太太實在太可愛了！

我沒有推托拒絕便開心地收下了。

然後我們再次互道：「中秋節快樂！」

不曉得為甚麼，有時候只是素昧平生的人，但卻有一見如故的親切感，相遇也能變成一種小確幸。

戀家

在香港生活多年，身邊的親朋好友彼此間最愛談論的話題之一，絕對有「假期去了哪裡旅行？」或是「接下來計劃去哪裡旅行？」諸如此類有關「旅行」的話題。

由於土地問題，香港人喜愛外遊是眾所周知的事實。

其實我也挺習慣這種外遊文化，提前計劃好假期，隨時留意旅遊相關資訊，倘若能買到便宜的機票，說走就走的旅行也不無可能。

抱著「回鄉下」的心態到訪曾經去過幾次都不厭倦的地方，這就是香港人對於旅行的狂熱吧。這些我完全能明白，人們想要在有限的假期逃脫現實的枷鎖。

後疫情時代，有些人對於旅行變得更加狂熱，「報復式」地彌補著疫情時期缺失的旅行機會。

不確定自己是不是少數，而我反而是相反的那一類人，我變得更戀家了。

除了台北、香港兩地遊走，我好像對於去其他地方旅行的熱情降低了。

疫情以前，當時我還沒有成為全職媽媽，平日要忙於工作，假期時又總是想著帶孩子去哪裡玩，待在家裡的時間其實不多。

然而，疫情的幾年來，經歷了太多次太久的居家抗疫生活，早已習慣了窩在家裡，把家裡打掃乾淨，布置成自己喜歡的樣子，修修補補家裡的設備、家電，總是想方設法讓居家環境更舒適一點。

在家裡好好煮上一頓吃的，享受一家人聚在家裡的時光，這是疫情前從未有過的認真，甚至變成了一種樂趣。

原來家也是可以被打造成自己想要一直待著的地方。

其實並不是說不想去旅行，還有很多想造訪的地方在我的旅行清單，旅行時的體驗也確實能令人心曠神怡。

但現在，居然會開始擔心，倘若旅行離家幾天，家務無人打理，會偏離了日常的規律。

習慣了待在家過著按部就班的生活，反而旅行會打亂原有的規律，所以現在的

我，很少興起想去哪裡旅行，反而更想好好待在家。

年輕時那種「玩到不想回家」的念頭，不再出現了。

離家超過兩天，便會忍不住開始「好想回家」。

我想，這就是所謂的「戀家」吧。

PART II
就是孩子氣

暴龍的由來

兒子剛出生的時候，當時還未取名，只是暫時先叫他「細Ｂ」，因為我先生的小名叫做「阿Ｂ」，其實也沒甚麼特別意義，就是順口這樣叫。

眼見身邊不同媽媽都給兒子取了酷酷的小名，我想著：

「嗯～那我也來給兒子取個有意義的乳名吧！」

我並沒有為了取名煩惱太久，腦袋隨意一轉就想到：

「對了！我要叫他『暴龍』。」

聽起來有點酷、有點男子氣概（哈哈，我自認為～）！

而最主要的原因，是我自小就特別喜歡恐龍，對任何恐龍相關的事物都特別有興趣。

小時候家裡買的恐龍書籍都被我讀到滾瓜爛熟。猶記得爸媽第一次帶我到科學館

看到巨型恐龍模型時的興奮感。直到現在，我都很愛閱覽任何與恐龍相關的資訊，而不論是《侏羅紀公園》那種恐龍商業片，還是真實的恐龍紀錄片，我統統都很迷戀。

老實說，我最喜愛的恐龍是腕龍、雷龍那一類型的長頸巨龍，不過總覺得叫「暴龍」這個名字一聽就很霸氣，叫起來也順口，那就決定叫他「暴龍」吧！

但不知道是不是因為叫了「暴龍」這個小名，命運就是這麼巧妙。隨著兒子成長，他的性格也愈來愈「暴龍」，尤其兩、三歲的「Trouble Two」[1]時期，哭哭鬧鬧，情緒爆發時簡直讓我覺得：

「嗯～果然『暴龍』這個小名沒取錯。」

見識過兒子大爆走的朋友也曾問過：「你就是因為這樣才叫兒子『暴龍』的吧？」

所以我常跟先生開玩笑，當初如果取名「腕龍」，這種溫和的草食性恐龍，應該我就能得到一個溫順乖巧的孩子了吧（苦笑～）。

1 幼兒成長至大概兩歲時，會進入所謂的「Trouble Two」（麻煩的兩歲）階段，這是人生第一個叛逆時期，愛發脾氣，又愛反抗，經常嚷著「不要、不要」。

更有趣的是，前幾年網路上流傳著一張關於媽媽的爆笑梗圖，那張圖形容的是早上剛起床的媽媽還是和藹可親的可愛暴龍，但是到了下午，卻變成了憤怒咆哮的恐怖暴龍——大概每個媽媽都經歷過變身成憤怒暴龍的時刻吧。

想一想，是的，稱呼我自己為「暴龍媽媽」也相當合適（再次苦笑～）。

（網上圖片二次創作）

他只是有一點特別

帶兒子去看完兒童精神科醫生的那天，也是他確診 AD/HD[1] 的那天。

跟他一坐上巴士，望著窗外的我，眼淚流下來了。

並不是因為他確診了而覺得有多不幸、多可憐；那次的哭泣，是因為釋懷。

好像是上天對於我這幾年來比一般人辛苦一點的育兒生活的一個解釋。

明白了，就覺得，其實也沒甚麼大不了啊！

由嬰幼兒時期開始，他都是一個特別好動的孩子，無時無刻都有過多的體力，對於事物的耐性極短，甚至是玩具，他似乎都無法靜下心來好好玩。

我們總安慰自己——男孩子大多都是這樣吧，再大一點會好的！

1 | AD/HD 是 Attention Deficit/Hyperactivity Disorder 的簡稱，即「專注力不足／過度活躍症」。

我們總是將他的好動，甚至有時候是上升到令人討厭的百厭行為，歸咎於他就是一個「頑皮不聽話」的孩子。

軟硬兼施，任何方法都試過，但他就跟一塊冥頑不靈的石頭一樣，總是無法控制自己的情緒、欠缺耐性。

看到別人的孩子溫順乖巧，常感到很羞愧——一定是我的教育方針有問題，才教出一個「這樣的孩子」。

直到上了小學，真正要面對教科書、功課，才漸漸感覺到他的不專心狀態有點超乎尋常。

在與他來回拉鋸，暴怒又後悔的情緒中，那段時間我過得很不開心。

某天放學，我發現他大腿上滿滿是原子筆塗畫的痕跡，課本裡畫滿了漫畫，想必是上課期間，心又飛走了吧。

當然，我的預感被證實，學校老師的幾次來電，也說明了他在學校的情況。

他的座位，被調到第一排第一個正對老師的位置。

我們這才聯想到兒子會否是需要特殊協助的學童？於是著手安排看診。

在知道了他只是一個發展比較特別的孩子，我突然釋懷了——

並不是他故意屢教不改，並不是我們教子無方……

那是天生的。

所以……

面對不怎麼理想的默書成績，我們可以笑著面對，那也沒甚麼，不就是漫漫人生中的一次小學默書而已嗎？

歪七扭八的字跡看久了也很可愛，只要字是在格子裡的，我都可以接受！

我們能做的，就是花更多的時間去陪伴、去理解，希望能在孩童時期陪伴他走這條不易的學習之路。

總有一天，我們需要放手，以後的路他也必須自己走。

人生還是很漫長，很多事以後再回頭望，都將變得雲淡風輕，包括患了AD/HD這件事。

他只是比一般人特別一點點而已。

沒事的。

關於 AD/HD

根據「香港協康會」的資料，兒童有專注力不足／過度活躍症（Attention Deficit / Hyperactivity Disorder，簡稱 AD/HD）是指其大腦運作與一般人有明顯差異，導致出現集中能力及抑制衝動能力表現較弱的情況。

AD/HD 兒童比同齡一般兒童較難抑制行為反應，使他們的行為表現得較為衝動及活動量較高，因而為他們的學習、生活及社交帶來負面的影響。

不同的研究報告顯示，每一百名學齡兒童中，約有三至七人患有 AD/HD；男女比例估計為四比一至九比一；女童通常較遲才被發覺出現問題，有專家指這可能是由於女童的病徵普遍比男童輕微，在診斷時亦較男童難於察覺，所以較少被家長及老師發現而作出轉介。

不一樣的孩子

當媽後我深深體會了一個事實——

其實每一個小孩都是不同的個體，不要拿自己的標準來質疑別人的不一樣。

這個世界本來就是各式各樣的人都有。

之前曾在臉書上分享兒子吃麥當勞餐，有些人看到配的飲料是牛奶，就會說：

「都吃麥當勞了，為甚麼還要喝牛奶？媽媽不需要那麼有控制欲吧，小孩子偶爾喝一下可樂汽水，沒關係吧？」

或是去朋友家作客，朋友拿汽水出來要請兒子喝，兒子拒絕了，人家會以為是我不讓他喝呢！

但……實不相瞞，我兒子是自己本身就不愛喝任何有氣的飲料。

曾經他嚐過了，他非常討厭，所以也從來不要求想喝汽水。

牛奶是他最愛的飲料。

是不是覺得我在講反話或是說謊？

不，真的不是。有跟我兒子出去過的朋友都可以證明這孩子是真的不愛那些碳酸飲料，不是因為遭到我的限制。

還沒完，還有還有……他還非常喜歡吃蔬菜水果呢！

講起來，我都有點不好意思，覺得肯定沒人相信。

除了苦瓜，每種蔬菜他都吃，青瓜、紅蘿蔔、芹菜他最愛，而且他都可以不配醬生吃。

每次人家問我你小孩喜歡吃甚麼，我明明是很認真回答說：「蔬菜、水果。」但感覺都好像在騙人。

有人見到就會問：「你是怎麼訓練的？我家孩子好偏食，該怎麼辦？」

這個還真的是天生的，沒有特別限制他或訓練他。

有時候用餐，我看他菜吃太多，怕他其他食物吃不下，我還會阻止他呢！

嗯～所以我們都戲稱他是「草食男」。

就像不吃榴槤的人，完全不能理解吃榴槤的快樂，但那是愛吃榴槤的人的自由，誰愛吃甚麼就吃甚麼。

在這幾年間，也見證過身邊親戚朋友的孩子成長，我發現每個孩子都展現了很不同的風格及習慣，雖然跟家庭教育有關，但很多也是與生俱來的。

看到別人不一樣或怎樣的，不要太驚訝。

不要一股腦就用自己的標準幻想著：「啊～一定是因為怎樣怎樣，這孩子才會這樣那樣……」

不論人家的「不一樣」在你眼中是好是壞，一句話講完：

「那都是別人的事，自己管好自己的事就行了。」

慶生

我想大部分人都會喜歡自己的生日吧。

可以得到祝福，收到禮物，是完全專屬於自己的紀念日。

我家兒子也不例外。每年生日前的一、兩個月，便已經開始期待；過完生日還會伴隨著回味無窮的感嘆——「唉，如果可以再過一次生日就好了！」

可能是想獲得慶生的樂趣，我發現兒子時不時就會玩「慶生」遊戲。

他會用各種玩具來打造「生日會」。

小一點的時侯，家裡有玩具蛋糕、玩具食物等，他就拿來布置，營造氣氛，然後讓我跟老公一起「參加」他的生日會，幫他唱生日歌，假裝送禮物給他。

最近，家裡買了新的玩具積木，是電腦遊戲 Minecraft 的方形積木，就像遊戲世界裡一樣，可以用 3D 方塊組成各種物體。

前幾天我正在廚房洗碗，遠遠地看到他在客廳用這些積木認真地堆砌著。

我問他忙甚麼，他說他在做生日蛋糕。

總算完成了，蛋糕上還有砌成長條型的蠟燭，確實是很有心意的「自製蛋糕」。

他把爸爸叫來，唱生日歌給爸爸，要爸爸許願吹蠟燭，在吹蠟燭的刹那，兒子自動地把蠟燭的部分推倒，就當是蠟燭被吹熄了。

接著，爸爸用「手刀」切開蛋糕的時候，發現原來蛋糕裡還藏著兩個驚喜玩具，那就是生日禮物啊！

我忍不住心裡暗笑，現在兒子「舉辦」的生日會，愈來愈專業，還會製造驚喜呢。

生日會結束後，老公對我說：

「以前總是我們幫他慶生，現在他會幫我們慶生了，突然覺得受寵若驚呢！」

是啊，懂事了。

他也想讓你感受一下他覺得開心的事。

聖誕

前幾年，因為疫情的關係，待在家的時間比較多，練就了煮飯的功夫之餘，也愛上做小手工，像是摺紙、卡片、廢物利用做成的裝飾、用品等。

大概是四年前的十二月前夕，我突發奇想——不如來做聖誕倒數月曆給兒子吧！

之前每年雖然都有給孩子買聖誕倒數月曆，不過市面上的倒數月曆的內容物，不外乎是糖果、餅乾、朱古力等，好像少了一點驚喜感。

第一年，我準備了二十四個捲筒廁紙的紙內芯，將它們排列成聖誕樹的樣子，在裡面放進小禮物，再用包裝紙封起，編上日期號碼。雖然內容物都不是貴重的物品，只是文具、小玩具、小零食等，但因為必須符合廁紙芯尺寸大小的物品，要找到二十四樣合適的小禮物，也是費了好一段時間及苦心，收集好所有所需材料及禮物後，還必須趁兒子睡覺時偷偷「施工」。

這樣的過程我卻樂在其中，不但是因為我享受做小手工這件事，也有很大的原因，是我希望孩子收到的禮物會是有意義並且讓他開心的。

聖誕在我心中，是充滿愛及回饋的季節。

每個人對付出愛的定義不同，而我所喜歡的方式，是身體力行去付出。

把聖誕倒數月曆拿出來時，兒子那開心及激動的表情，讓我覺得……

沒錯！我就是想看你這個表情！

即使到了這年，雖然已經是第三年做倒數月曆給他了，十二月的每天早上醒來，他第一件事仍然是急著去開今天的倒數月曆。

人啊，總是喜歡驚喜，小孩子更是如此。

去年聖誕節的前幾天，兒子寫完功課後，我便在廚房裡準備晚餐，他在緊閉的房門內，我猜想他應該是在房裡玩玩具或是看圖書吧。

吃完晚餐後，發現冰箱上多了一張白紙畫的圖畫，寫上了——「Mom, Merry Christmas」，畫了聖誕樹、雪人、聖誕老人，從沒耐心塗顏色的他，把聖誕樹塗得好整齊，畫紙的最下方寫了「Thank you」。

我想，這是他第一次自發性地寫聖誕卡給我，因為通常像是甚麼母親節卡片、聖誕卡片等，以前會收到，大概都是因為那是學校的功課或是視藝課下的產物，我們身為「當事人」，也只是運氣好收到而已，沒有人要求做這功課，應該就是收不到的了（苦笑～）。

那是我看過他畫得最好看的圖畫。然後我就讓它一直貼在冰箱上，今年的就貼在旁邊。

雖然有人會說，聖誕節是商人刻意營造出來的商業機會，而我也不是教徒，但我仍然喜歡聖誕節，給了我們母子倆互相交換心意的機會。

不名貴，但非常珍貴。

進步獎

孩子們在香港求學，從來都不是一件容易的事，就像進入這個社會的前哨戰，而學校就像是整個社會的縮影，人多競爭激烈，想要突出重圍，只能從小開始「拚」。

本應無憂無慮的童年時光，除了充斥著功課、補充教材，還要用補習班、興趣班填滿僅剩的一點時間。

雖然我從來不認同那種爭得你死我活的狀態，但我真的能理解，大家身處這個競爭激烈的環境會有多麼希望能闖出一片天，又或者僅是因為——當大家都這麼做的時候，我應該也要這麼做。

明知道「人云亦云，隨波逐流」是錯誤的，但是身處這個圈子，誰又能有把握「獨善其身」呢？

兒子小一的時候，曾拿過一次進步獎。

因為我家屁孩從來都不是優秀的學生（如果用成績來定義好學生的話），也沒甚

麼特殊才能，能拿到一個獎，對我們來說，簡直是驚喜。當時我便很開心地分享在我的臉書專頁上。

記得當時大部分的留言都是很友善的祝福，但也有幾個像是「考第一嗎？」、「豬肉獎！」之類的留言。

「豬肉獎」，廣東話的意思就是「瓜分豬肉，人人有獎」的意思，頗有嘲諷的意味。

嗯，的確不是考第一，更不是甚麼大不了的獎項，可能對某些人來說，不過就是一個由二十幾名進步到十幾名的「笑話」。

或許你的孩子拿獎拿到手軟，就算不是考第一，也至少得拿個前五名，那就是你定義的「優秀」。

其實比起追求成績的優異，我更希望兒子能找到自己的興趣專長，便能all in去好好努力，因為我真的相信「天生我材必有用」這個道理。

就算人生沒有因為自身的「興趣愛好」而得到甚麼實質的幫助，但是擁有一件自己熱愛的事情，就能決定一生的喜樂。

例如，小時候我很喜歡畫畫，當年長輩的觀念卻是「畫畫能當飯吃嗎？」、「藝術家會餓死！」之類的想法。確實，畫畫並沒有為我的人生帶來任何實質上的幫助（講白一點就是錢及工作～），但是藝術的世界豐富了我的人生，也幫助我療癒了無數次的傷痕。

其實，比起成績優不優秀，有沒有出人頭地，我最在乎的是——

孩子是否有勇氣面對挫折失敗，具備「抗壓性」。

因為走在人生的道路上，總是會有跌倒的時候；而跌了沒關係，重點是能爬得起來。

我發現很多出色的人獲得成功，並不是因為他本身有多厲害，厲害的是他／她——不論遇到多大的挫折，都還能站起來，繼續走該走的路。

時代在變，更加應驗了「行行出狀元」這個道理。

不可否認，求學階段，專注學習是學生的本分，但我想說的是……

成績不是人生的全部，人的性格、機遇等，都是很重要的因素，請放下那些不合理的勝負欲。

人生啊，小學考第一，不代表人生會一直跑贏；笑到最後的，才是贏家。

「孩子，我生你下來，是讓你體驗這個世界的，你不需要交功課給我，你只需要照顧好自己，為自己的人生負責任就可以了。」

和孩子一起幼稚的幸福

有了小孩後，生活型態上的轉變，除了飲食、作息等，連個人喜好都因為孩子而有所轉變。

就算不跟小孩在一起，走在路上目光還是會被某個卡通吸引，明明已經不是小孩了，卻因為小孩的關係，自己也變成小孩了！

本來我真的不懂「湯瑪士小火車」（Thomas and Friends）這個「人面火車」有甚麼可愛？火車上有張人臉明明就很可怕啊！而且每台火車不都長一樣嗎?!在我眼中，他們就是「不同顏色」但「同款」的小火車，不是嗎？

《屁屁偵探》是以一個「屁股頭人」為主角的偵探圖書，主角屁屁偵探的絕招是用他那張屁股臉放屁，大人聽起來很莫名其妙，對吧？記得以前逛書店看到這本書，覺得很驚奇，還叫老公一起來看看，怎麼會有「屁股」作為主角的書？太奇怪了吧！

當了媽以後才懂，小孩的世界會有很長一段時間充滿了「屎尿屁」，那是他們小小心靈最關心的話題，理所當然也是他們的笑點。

所以，喜歡屁屁偵探也變得非常合理。

正所謂「勉強沒有幸福」，曾經很想潛移默化讓兒子去喜歡媽媽我喜歡的卡通——鬆弛熊。可惜小孩的眼光跟大人真的大不同。雖然媽媽我覺得鬆弛熊很可愛啊，但他從來都不接受鬆弛熊的可愛。

不喜歡就是不喜歡。

反而被影響的是我。慢慢地，我開始懂得欣賞那些孩子所喜歡的東西。

兒子喜歡的卡通我也喜歡，我可以在我的包包上掛上一個屁股頭的吊飾，也不覺得害羞。

而爸爸呢？

兒子幫爸爸的電腦貼上貼紙，看起來多麼的幼稚卻又溫馨，雖然是格格不入，但工作時看到這幾張貼紙，還是會讓爸爸會心一笑，感到甜蜜吧！

老實說，長這麼大，要不是孩子的關係，我哪敢盡情地過著這麼「可愛」的生活？

揹著卡通的環保袋出門當包包、穿上卡通圖案T恤，或許連大學生都不肯穿的圖案，因為孩子喜歡的關係，我自己也變得好喜歡！

現在在路上瞥見孩子喜歡的卡通公仔會忍不住多看兩眼，特意選擇有孩子喜歡的卡通圖案的用品也是必然的。

謝謝孩子給我再一次成長的機會，再幼稚一次。

與其說我是陪你而迷戀上這些卡通人物，但說真的，我自己也很享受這樣「幼稚」的生活。

因為在不久後的將來，或許你就會因為這些幼稚的卡通感到尷尬，不再喜歡，而到那時候，我一定會很懷念現在跟你一起迷上卡通的日子。

有點小聰明的小大人

某天早上，一個人去麥當勞吃早餐。

應該是遇上了中學的考試週，學生們提早放學的關係，整間麥當勞多了很多中學生，所以我和兩個中學男生一起坐了一張四人檯。

我享用著自己的早餐，那兩個男學生則不疾不徐地一邊玩著手機遊戲、一邊閒聊。

一過了十一時，早餐時段過後，他們便前往櫃檯點餐。

原來他們剛剛就是在等待這個吧！雖然在我這個中年婦女心中，早餐比較營養健康，但我也完全能明白年輕人愛吃麥當勞的油炸物、漢堡包的心態。

因為我坐在同學A旁邊的外面位置，我就站起身靠邊，讓他可以出去。

他們把書包留在位置上，出去點餐。

不久，他們拿著餐回來坐下。

同學A對同學B說：「吃薯條囉！啊，我還是先洗一下手吧！」

同學B：「算了吧，浪費時間。」

我心想A同學的衛生觀念還真不錯，他的媽媽如果知道，想必會很欣慰吧！

我剛打算起身讓他去洗手機洗手……

結果，只見他二話不說把雙手放在冰飲料的杯身上，繞了杯身一圈，直接用上面的水珠來洗手！

身為媽媽的我，看著旁邊這兩個稚氣未脫的半個小大人，哈哈……果然還是孩子啊！

但也悟出了一個道理——我們之所以為大人，不是因為我們比較厲害，只是我們比孩子早一些經歷了那些該經歷的事情而已。

這樣的「無效洗手」，其實我小時候也做過。

我也彷彿看到我兒子不久後的未來——一半孩子、一半大人的時期。

有點小聰明的小大人，做著自以為聰明卻也不是那麼聰明的行為，而誰又沒有經歷過呢？

回到童年時

大概與許多離開家鄉遠嫁外地的媽媽們一樣，暑假就是我們帶著孩子返鄉的最佳時機。對於平日沒有娘家人在旁，更沒有家傭幫忙的我來說，那不止是孩子放暑假，也是我的暑假。

而且，對於一個普通的家庭主婦來說，有暑假真好，至少有甚麼可以期盼著。

每年暑假，帶著兒子回台灣一個月，是全年最放鬆的月份，短短的一個月，為我儲備了更多的能量與動力。

某天，帶兒子去了我小時候常去的海水浴場玩水，陪他撿貝殼、堆沙、潛到水裡看海裡的魚、嚐嚐海水的鹹味（哈哈～總是會嚐到的）……讓他體驗一下我的童年。

回到家洗好澡，被曬了一整天的我們，一起躺在床上敷著紓緩曬傷的面膜，我問他：「今天開心嗎？」

他小小聲說了一句：「超級無敵開心。」然後輕輕地用手環抱著我。（他最近很

愛說反話，甚麼都說不喜歡、不想要，所以他講這句話時是很靦腆的～）

雖然有時候會抱怨太熱太累，但其實都是嘴上說說，看到兒子開開心心的，就覺得甚麼都值得了。

那天去海水浴場的途中，我哥開著車載我們，我坐在副駕駛座上，沿途的風景勾起曾經暑假的記憶，總有些片段跟畫面是陪伴我們一輩子的，到現在想起來、講起來，還是會令自己嘴角上揚。

所以，我也希望兒子以後都能有這些開心的片段可以珍藏在腦中，即使媽媽不在都可以陪伴他。

對於童年時期爸媽的陪伴，當下的心情是開心的，而回頭看那種心情都變成了感恩。

PART III
異鄉人有感

澳洲牛奶公司

話說當年剛嫁到香港，我還沒有工作，而先生是朝九晚五的上班族。

人生地不熟，熱心的奶奶怕我待在家無聊，有空便帶著我到處走走，多認識一下香港，也會帶我去一些有名的餐廳。

某次她帶我去鼎鼎大名的「澳洲牛奶公司」，我們跟著人群排了一陣子的隊才能入座。

幾乎是剛坐下，侍應就已經靠近，期望你能馬上點餐。

而我還傻傻地在研究餐牌上的食物名稱，光是雞蛋就有好幾種不同的做法，看得我眼花撩亂。

奶奶指了指餐牌上的快餐說：「這個應該是最多人點的，你可以試試看。」

侍應就站在旁邊，我也不好意思多做考慮，那就這個吧！

只是一分鐘不到的時間，我們叫的所有東西都全部上齊了！

我驚訝著香港餐廳的高效率之餘，也看到了震撼我飲食認知的菜式。

我發現，意大利麵居然是放在湯裡的！

在我的認知中，意大利麵不就是應該做成番茄肉醬意大利麵嗎？或者是用來做成奶油芝士口味的嗎？

居然有放在湯裡，像是中式湯麵那樣的作法。

當下看著覺得很奇怪的，嚐一嚐也覺得很不習慣，但又不好意思，所以我壓抑著心裡的「恐懼」，依然默默的把它吃掉了。

之後才知道，原來湯意大利麵、通心麵這樣「中西合璧」的食物，是港式早餐中不可或缺的一部分。

那種感覺大概就像……我有一個移居去台灣的香港朋友，她告訴我本來覺得台式早餐店賣的漢堡不中不西，很奇怪，但吃久了……習慣了那個味道，現在居然成為她每次去早餐店的必點。

大概也是從這幾年開始，我發現自己慢慢也變成了「香港胃」。

冬天早上起床，居然會想去吃一碗熱熱的湯意粉、湯通粉來暖暖身子。

曾經的飲食震撼，現在也變成了我的習慣。

小巴懦夫

某天滑手機時，看到一個香港網紅訴說搭小巴時叫「有落」的恐懼，忍不住心裡一笑，而我真沒想到，香港人也有這種困擾。

嗯……搭小巴是個學問及複雜的心理戰。

實不相瞞，我也有「小巴恐懼症」。

尤其是當年剛到香港的時候，廣東話又不好，還要大大聲叫出來，簡直令人尷尬癌發作！

每次內心都祈禱有人跟我同站下車，等別人叫「有落」。

偏偏當年剛到香港，住所是在只有小巴到達的地方，想當初我曾好多次，叫得太小聲，司機沒聽到，我就默默坐到下一站。

你問我為甚麼那麼傻呢？不趕快叫司機停車呢？

因為曾有一次叫太小聲，司機沒聽到，快過站了，我馬上加大音量大叫：「有落！唔該！」結果還是被司機怒罵：「為何叫得那麼小聲！」

自此之後，我就算過了站，也不敢出聲，默默坐到下一站算了。

不過，好在近幾年很多小巴都有安裝下車鈴，司機的態度也普遍變好多了，甚至有些司機會每一站都問：「有冇人下車？」

確實拯救了我們這些「小巴懦夫」。

當然，經過多年的磨煉，我對於小巴的恐懼已減少很多了。

而這幾年，因為兒子稍為長大了的關係，出門在外帶著他，他總是可以不害羞、大大聲地說出「有落」。

我覺得挺欣慰的，畢竟這真是非常有用的生活技能啊！（笑～）

至於，傳說中的「高速亡命小巴」，這十幾年在港生活，當然也有體驗過。甚至有台灣的朋友來香港還特地指出想體驗一下香港的小巴文化，我還能有條不紊地跟他分享出一套搭小巴的正確方式。

現在的我，已經能像其他人一樣，即使坐上高速行駛的小巴，仍能面不改色地滑著手機，並且在最精確的時間點喊出：

「有落，唔該！」

內向的獅子座

從小到大，我都是一個害羞的人。

偏偏我卻是獅子座，總是被認為應該活潑開朗，擔任一個領導者的角色，所以我也會認為自己應該要做那樣的人。

一直以來，常常因為某些因緣際會的關係被大家所關注。像是中、小學的時候，因為自己的體育細胞還不錯，常被選為班級代表出賽或是選入校隊，有時甚至還會擔任隊長的角色。不曉得為甚麼，求學時期的體育健將總是比較受到歡迎。

我呢，一方面享受那樣的關注，但一方面又覺得很害羞。

那是一個很矛盾的心態——我喜歡大家對我的喜愛，但我又會覺得莫名的尷尬。

來香港生活以後，我慢慢發現這裡真是「害羞人的天堂」。

都市的人們總是各做各的事，沒有誰會特別關心誰，就算你在路上做了甚麼引人注目的事，大家的眼光都只是瞬間，很快便會恢復平靜。更別說網絡上的記憶只有三

天，過了三天，甚麼大新聞都雲淡風輕了。

或許這樣的氛圍有好有壞，但起碼對於我這個內向的人來說，這樣的都市文化讓我覺得非常自在。

我好像沒那麼害怕尷尬了。（但這也有可能是基於我年齡增長了的關係～）

人太多了，厲害的人太多了，發生的事太多了，出糗的事情太多了，這個城市有太多太多的個體、事件碰撞出太多太多的可能性……總之大家都很忙碌，忙到只會對發生的事件瞄一眼，甚至是看都不看。

所以啊～

不用太在意他人的眼光。

因為……根本沒人在看你！

老東西

剛嫁來香港的頭兩年，我是與老爺奶奶同住的。

正所謂「相見容易相處難」，跟老爺奶奶同住的那兩年，低頭不見抬頭見。兩個成長、文化背景不同的人，比起一般戀人更需要的，是包容與理解。

正所謂「個人造業個人擔」，先生娶了我就必須承受我的全部。

但他老爸是無辜的啊！

原來……

剛來香港時，我一直以一個「大逆不道」的方式，跟我老爺奶奶生活著。

雖然我的廣東話講得歪歪的，但因為他們都能聽懂，所以都不太糾正我。

所以……

我，過了很久才發現……

Hey……

「老嘢，食飯啦！」

「早晨，老嘢！」

「老嘢，父親節快樂！」

「老嘢，Happy Birthday！」

「老嘢，奶奶玩你！」（老爺，奶奶搵你！）

因為我的廣東話發音不正確，「老爺」的發音變成「老嘢」；而「老嘢」在廣東話的含義，類似於國語的「老東西」，頗有輕蔑、不敬的意思。

原來……一直以來，我都是用了一個如此大逆不道的用詞來稱呼他，知道的時候，嚇得我不輕！

雖然之後老公解釋了兩個字的音調的不同，該如何正確發音，但我無論怎麼講都

「怪怪的」。

所以之後，便改口跟我老公一起叫「Daddy」，避免了發音不良的笑話。

其實很多字詞，當母語者講時，我能聽出不同，但當我自己講的話，卻講得亂七八糟。

畢竟廣東話的九個音調，對於我們非母語者，實在是有點難掌握，而身邊人對於我的廣東話是抱持著包容的心態，覺得我肯學、肯講，已經很好了，所以他們聽懂的話，也不太糾正我的發音。

好在現在多了我兒子幫忙指正我的錯誤，才不至於在外人面前鬧笑話。

而兒子都是當面告訴我、笑我的那個人。（苦笑～）

地震恐慌症

二〇二四年四月三日上午七點五十八分，台灣花蓮發生七點三級強震。

那天早上，老公比我早看到新聞，不過他已經出門了，而他沒有先告訴我，便第一時間馬上打電話回我台灣的家，打完才跟我說，已經打給我爸爸確認他沒事了。

嗯，真心謝謝他。

除了颱風，香港位處一個不太會有天災襲擊的位置，我先生對於地震這樣的天災可以說是非常緊張，在這次地震，我甚至覺得他是「過度緊張」了。

二〇一一年日本發生「311 地震」，當時我跟先生還未結婚，我人在台灣，他在香港看到新聞說有海嘯，而海嘯的「餘波」會來台灣，他便瘋狂打電話給我，我當時沒有看手機，於是他直接打到我台灣的家。

當時我們全家也都坐在電視機前面收看日本的災情新聞，接起電話，就聽到他用緊張的口氣叫我趕快去逃難：「找高處去避難，海嘯要來了！」

我當時聽到他這麼說，雖然覺得有點摸不著頭緒，但還是在腦海裡想了一遍我家附近有沒有甚麼地勢較高的地方。

安撫好他以後，掛了電話，我把他說的話轉述給我家人聽，我家人都忍不住笑了，這個「港仔」也太可愛了吧。

我想他當時的心裡大概自己腦補了災難電影《2012》或是《明日之後》（*The Day After Tomorrow*）的情節，覺得海嘯會把台灣整個島吞沒吧。

有一次，他跟我人在台灣的餐廳吃飯，遇到地震，他非常地緊張，幾乎想衝出餐廳，我在旁邊叫他：「等一下！等一下！」旁邊的人包括我，都很淡定。

我不能說我們完全不害怕，只是對於我們來說，這樣的小地震時常都會發生，我想要先「感受」一下，再決定逃不逃。

果然不出所料，地震只持續了幾十秒，並且不太劇烈（起碼對我來說）。

所以，我之後便常開玩笑，笑他有「地震恐慌症」。

不過，我不介意他這種過分的擔心，有點荒唐卻很貼心。

那些覺得自己完了的時刻

住在東鐵沿線的我們，搭東鐵出行，已經是我們的日常。

然而，這一、兩年，時常會遇到「有人闖入路軌範圍」的緊急事件，所以列車服務必須暫停的情況。這樣的官方說法講得如此含蓄，一開頭，我還沒想明白為甚麼有人要「闖入」路軌範圍，要逃票嗎？還是撿東西？太天真了。

時間久了，伴隨著媒體新聞的報道及網路資訊的發布，才知道那是某些人選擇結束生命的方式。

我不確定是不是真的想不開的人愈來愈多，還是只是剛好都被我遇到了，但發生這種事情總令人不勝唏噓，甚至會有種感覺——怎麼會愈來愈多人想這樣終結自己的生命？然後，時常也會在網上看到一些網民評論，認為「你要死也不要阻止地球轉」的冷血評論。

這幾個月，鐵路公司陸續為東鐵沿線裝上幕門。

前幾日跟老公出行的時候，又遇到類似的事件，他隨口的一句：「唉，如果幕門安裝早一點，可能就不會發生這種事了。」

不。

安裝幕門只是防止有人來這裡結束生命而影響了其他人，並不能防止想自我了結的意願，他們仍可以有其他的方式。

我常在想，到底是甚麼樣的難關，會讓他們絕望到命都不要了？

我不理解，但又可以明白解不開困難時的痛苦。

像是當時小學一年級的我，面對吃不完的便當，怕帶回家被罵，不知道該怎麼辦，我一直勉強吃著，一邊吃一邊哭，直到老師發現，叫我不要吃了，老師打電話通知媽媽說我便當帶太多了。我才知道——噢，是媽媽帶太多了，其實不一定要吃完。

中學的時候，偷帶手機去學校被發現，通知見家長前，在教室等待的那一刻，我真的認為自己死定了，回家一定會被爸媽狠狠修理揍一頓，那乾脆躲起來或是離家出走吧。

當年沒考到理想的大學，丟臉得要命，我的人生徹底完蛋了……

但結果都沒事啊，我還是安好地生活到現在了啊。

人生就是不斷經歷著種種的這些時刻，自己身處其中，只覺得自己好像過不了這些「難關」。

多年後，再看看自己，那些當年覺得自己完了的時刻，那些發生的事情，都只是微不足道的小事，卻讓當時的我害怕得要死，而現在的我人生還是安然無恙。

城市中無數人被生活的重擔逼得支離破碎，我才體會到做一個心靈健康、情緒穩定的大人有多難。

我們必須學會在掙扎中堅強，一定會有很痛苦的時刻，但試著努力過段時間再看看，現在的困難，都不是甚麼事了。

即使那些逝去的人跟我毫無關係，我還是會對他們的選擇感到心痛。

壓抑之城

生活在香港這個人多地狹的都市叢林，當面對現實的生活壓力、工作壓力，甚至是最基本的生存問題，假如沒有強大的心理狀態，大概很難適應這樣的殘酷社會，很多人的心其實都生病了。

某些時候，人就會把自身的痛苦轉嫁到其他人身上，壓抑不住的怒氣隨時可能爆發，像是街上因小事而起衝突的人，對店員大呼小叫的顧客等，都不少見。

曾經有一陣子，我很喜歡帶兒子到家附近的公園玩耍。

有一次，親眼目睹兩方家長為了孩子起爭執，口出穢言，幾乎大打出手，就在那麼多孩子都在場的遊樂場，上演一場大戰，多難堪啊，而這並不是我們見過的唯一衝突，偶爾都會遇見家長間的口角。

之後，我便很少帶兒子去那裡玩了。遊樂場本該是孩子快樂玩耍的天堂，怎麼變成了讓他們提前見證這野蠻世界的地方呢？

而網絡世界更甚，隔著手機、電腦，互不見面，似乎也為惡毒的言語加上一層保護膜，可以肆無忌憚地口出狂言。

現實生活過得壓抑卻無處釋放，於是很多人上了網就是幾個分身，在沒人認識的地方，一下抱怨這個，一下又批評那個，變成了網絡判官，用最高的道德標準來檢視別人，卻從未檢視過自己。

網絡上、現實中，這樣的都市衝突，發生在這個城市大大小小不同的角落。

我覺得，這是一件很可怕又很難過的事。因為這就好像惡性循環一樣，永遠不會結束。

我常常都在想——難道我們不能快樂一點嗎？

但這好像是一題無解的問題。

邊界感

這次回台灣，剛好大學時期幾個很要好的朋友都在台北，我們便相約聚餐，更新近況。

其中一個舊同學侃侃而談她移居美國的生活，其實平時由她在社交媒體發放的訊息、照片，都看得出來她的生活美滿並且優渥。交談期間，由先生的年薪，到他們坐擁幾個物業，她都毫不避諱說出。

然後話題轉移到另一個朋友，她也是開心地分享了自己的新家以及新房的價格。

我並不覺得她們在炫耀甚麼，兩位都是大學時期最好的朋友，我當然也沒有對她們產生甚麼嫉妒之情。

我想到的只是……哇！她們把全部身家都跟我說了耶！……這樣好嗎？

然後，我就在想啊，相對她們的坦然大方，我是不是太見外了？

這樣她們會不會覺得我不把她們當朋友看？或是說，她們會不會覺得我有甚麼難

言之隱？

當她們問關於我的事時，我總是含糊地帶過她們想知道的事情，例如說：「嗯～對啊、是啊、嗯嗯……」類似這樣的答案，話題就會停在這裡，我就是不想讓這個話題可以更深入延續談下去。

當然，我也沒有主動向她們提問這些我認為會「令人很尷尬」的問題。

散會以後，回家想了想，為甚麼我會覺得「不自在」？明明是我很好的朋友啊，這些事情告訴她們也沒關係吧？

我這才發現，我的不自在，來自於因為在香港待久了，而豎立起來的「邊界感」。

香港人之間的邊界感是非常明顯的，對於個人隱私的定義也是非常嚴格，同樣的問題，例如說「你在做甚麼工作？」、「薪水多少？」、「你家住哪裡？」、「房子買的還是租的？」……這些問題，在香港是不可能輕易提出的，連很熟悉的朋友想要知道，都只能小心翼翼地提出，更別說當事人會自己主動講起這些話題。

嗯……或許會有，但我想那些提問的人應該會被定義為「八婆」，而主動講的人則會被定義為「炫耀」。

我倒是很欣賞香港這種「保持距離」的文化，職場上不會有多餘的人際關係問題，尤其過年時，也不需要面對多嘴親戚的「過分關心」，這種邊界感是一種安全感。

客氣甚麼？

習慣了香港人的「快狠準」精神，我發現我連吃飯都被訓練到特別高效率。

「哇，你吃完囉，肚子很餓喔？」

在台灣，跟家人或朋友出去聚會，我往往都是吃得最快的那個。

並不是因為多餓，只是習慣了在外用餐會不經意就加速了。

用餐完畢，看著空空的盤子杯子還會感到不好意思，是不是該走了？

某天，一人在台北某商場的地下美食街用餐，由於是星期五晚上，用餐的人比較多。好不容易找到一個座位，剛坐下不久，旁邊便站了一個等位的女士。

其實也沒有刻意為了她而加快自己吃飯的節奏，我本來的認知就是覺得在這種場合吃完就走，不想耽誤別人，是非常合理的。

用完餐收拾了檯面，剛把餐盤端起，準備起身，那位女士竟然對著我一個小鞠躬，並說道：「不好意思！讓你覺得有壓力！」

「不會、不會！」

我搖著手，並讓座給她。

兩人互相點點頭微笑。

離開那個場景後，我就在想：

「嗯……這有點誇張了，其實我完全沒有覺得她在給我壓力啊！」

多年來，在香港許多平價餐廳或是茶餐廳用餐的經驗，早已訓練了我可以在人多密集的地方吃飯也保持淡定的心態。

所以，即使她在我旁邊，我也可以自動無視，我就專心吃我的飯，純粹吃完就該離開啊，我不認為我是在她的壓力下用餐啊。

總歸一句，她覺得我太客氣，我也覺得她太客氣了。

有人說：「過分的客氣就是矯情。」

但我寧願面對矯情，也不願意接受無禮。

客氣甚麼啊？

沒甚麼，就是客氣。

PART IV

中女的ME TIME

ME TIME

曾有個朋友跟我半開玩笑地說：「現在我活著的目標，大概就是為了一個禮拜一次的『me time』。」

因為小孩年紀還小，感覺無論如何盼望他長大，都還是很遙遠的目標，只能慢慢等，也努力做好作為「媽媽」的職責任務。

我是孩子的媽媽，但我也還是我，有我休假的時光。

感覺生活中最值得期待，也最唾手可得的幸福，大概就是me time了吧！

「Me time」是近年很流行的術語，指的是個人專屬的時間，專注於自我照顧和放鬆，無論是追劇、運動、閱讀、逛街購物，或只是靜靜地享受一杯咖啡，都是me time 時光可以做的。

這種時間對於心理健康非常重要，可以減壓、恢復精力，進而提升整體幸福感。

對我來說，每個禮拜的運動時間就是我專屬的me time，不光是提升心靈健康，同時也兼顧了身體的健康，所以每個禮拜我都會跟先生協調好時間，各自擁有專屬的 me time，我會去健身房或是河畔跑跑步，而踢足球則是他的舒壓方式。

Me time 過後，我又可以笑咪咪地回來面對現實，堆積如山的家務好像也沒那麼討厭了。

短暫的私人時間是支持著我維持正常生活軌跡不可或缺的元素。

這一、兩年，我也刻意降低了手機、社交媒體的使用，減少無意義的瀏覽時間，這對改善心理健康、減少焦慮和壓力，以及提高生活質量都有很大的幫助。

像是旅行時，就是我進行「社媒解毒」(social media detox)的最佳時機。除了上網搜查旅行資訊、對外聯繫，我是幾乎不會打開社交媒體的，真正沉浸於旅行的體驗當中。

很多人對於虛擬世界過度依賴，分散了注意力，反而忘了現實生活才是最值得關注的重點。

當你更重視自己，你身邊的人也會受益，從 me time 中釋放壓力，重新審視自己的需求，不斷地調整自己，才能一路前行！

一人業務不寂寞

家庭主婦的小確幸就是……每天把家裡的人都送出門，一個人待在家，就算一整天沒有人跟我對話，也不覺得寂寞。

我實在太享受自己一個人的時光了。

把家務打理完，研究一下今晚的晚餐、明天兒子的餐盒，把購物清單列出來，出去逛超市採購，讓我覺得很充實。

有時候買到減價的貨品，也讓平淡的日常多了一份得意感。

時間允許的話，還可以去喝一杯咖啡，腦子放空是一種心靈排毒。

老公有時會問我：「你常常一個人不會無聊嗎？」

以前年輕時可能會，但現在年紀愈大愈覺得……不用應付不必要的人際關係，寂寞一點也很好。

時間已經幫我們篩選了最值得留在身邊的人。到了這個年紀，明白了時間的寶貴，開始重視留給自己的時間。

能在這個年紀認識新的朋友很難能可貴，但沒有的話，也沒有甚麼好擔心的。

有好友曾問過從未加入過任何媽媽群組、家長群組的我：

「你不擔心『收不到風』嗎？」

我回：「有甚麼風好收？有甚麼事學校都會公告通知，倘若有嚴重的事情老師也一定會打電話讓我知曉。」

剩下的就是無謂的八卦和多餘的比較，我想那些都可以省略。

不是說每段人際關係都是不必要，我意思是，不需要維持「有毒的」人際關係，停止內耗自己的心。

保留必要的，不必要的刪去吧！

得意忘形

某天送完孩子上學，老公也已經出門上班了，一個人在家。

照著每天的慣例，這個時候，是我打理家務的時間。

我習慣做家務時需要有些聲音，讓家裡沒那麼冷清，有時候會開著電視聽新聞，有時候會開著 Youtube 聽音樂，視乎當天心情。

想到昨晚看完一九九八年的那部《玻璃之城》，突然很想念那個時期的黎明，便在 Youtube 播放黎明的歌單。

洗著碗的我，忍不住跟著一起哼唱，愈唱愈起勁。

雖然家裡只有我一個人，但當播起號稱黎明最熱血的舞曲《全日愛》時，氣氛來到最高點。

這可是千禧年時最流行的電子舞曲風格，光聽到前奏就覺得情緒很亢奮，直接忘情地跟著大聲哼唱。

忽然，手機鈴聲響起。

我不疾不徐地關掉音樂，從容地接起電話。

「喂？」

「小姐，我是速遞，我在你家門口，你家的電鈴應該是壞了，按了很久沒有人回應。」

我徹底忘了速遞員昨天打過電話來，預告早上九至十二點會送貨。

想必是他按了門鈴，沒人回應，但仍然知道裡面有人——他是聽到我得意忘形地在高歌吧！

我馬上打開門，不敢正視快遞小哥的臉，草草地簽收了包裹，關上門。

剛剛唱得多大聲，現在就有多尷尬。

做最好的自己

以前年輕的時候，總是覺得自己長得不好看，眼睛不夠大，牙齒不漂亮，身材又不夠好，老是想著減肥，卻常常失敗。甚至在二十歲的年紀，就開始擔心自己的青春花齡剩下不到幾年。

只能默默煩惱著，但卻一點幫助也沒有。

現在想來，有夠無知。

終於來到這個年紀，說老又不老、又不再年輕的所謂「中年」，我終於可以坦然面對自己的年齡、長相。

並不是因為現在自己變好看了，而是我已經接受了自己就是長這個樣子，真正與自己的容貌焦慮和解了。

我能做的，就是好好地運動，身體力行保養呵護好自己的身體。然後，我的體態比年輕時更好了，心態也更健康，把心力投資在運動上的時間絕對不會白費。

一個禮拜總是有兩、三天外出慢跑，不單是鍛煉體力，放空思緒更是對心靈的一種排毒。

跑步途中遇到形形色色的跑者，不論高矮胖瘦，速度快慢，我覺得肯踏上這條路的都很值得驕傲。

每次當我在健身房看到一些年紀稍長的人在健身，他們更加給了我信心，其實任何年齡都可以做「最好的自己」，並不是只有二十歲才是最好的花期。

沒錯，現在的確不再年輕了，但當我好好愛惜自己的身體、心靈之後，我變得更加快樂有自信了，這就是我最好的狀態了。

最珍貴的奢侈品

想當年由台灣剛來香港，也是初出社會工作的年紀，二十五、六歲的我，看著紙醉金迷的花花世界，總不禁沉醉在這個國際大都會的繁華之中。

但是年輕的我，哪會看到這紙醉金迷背後的意義？只看到大家都是光鮮亮麗的外表，路上人手挽一個名牌袋好像是最基本的。

可能是急於想融入這種社會，也可能是想用這種最膚淺的方式證明自己，所以我也曾迷失過在追求名牌奢侈品的世界。

終於有一天入手第一個 CHANEL，發抖著打開紙袋，連那層包裝紙，我都小心翼翼拆開，深怕拆壞。

我對老公說：「哈哈，我覺得這個包好像貴過我的命。」

老公冷冷地回了一句：「那你還買？」

但那一刻真的覺得心滿意足，得到了自己很想要的東西。

而其實，用自己的錢去買自己喜歡的東西也沒錯啊！

但如果你現在問我，已經三十好幾的我，對這些奢侈品有甚麼看法？

我承認……偶爾走在路上有時也會看到別人穿戴名牌，覺得很好看、很有質感啊！有些名牌袋我依然覺得設計很好、質感很棒，的確是可以襯托自己，令穿搭加分。

但……真的非買不可嗎？其實也沒有啊。

可能是當媽以後，生活型態的轉變影響了價值觀。

比起幾萬塊的名牌包包，現在覺得……我那頂 $79 的棒球帽對我來說還比較重要，因為它可以遮擋我的亂髮，每天不能沒有它！

真正的自身價值不需要名牌來反映。

你問我：「所以你已不喜歡名牌了嗎？」

其實也不是，只是覺得重要性真的沒有那麼高了。我會把錢花在孩子、家庭身上，我可以捨得買一個實用的書櫃讓兒子可以好好把書收納好，我寧願拿那些錢讓全家去一起旅行，甚至先生出差坐商務艙都好，我都覺得同樣的金錢這樣花掉比起買所謂的名牌奢侈品值得多了啊！

名牌包包也就只是一個物件，你不可能把它每天掛在身上，我的雜牌牛仔外套、NEW ERA 棒球帽、ZARA 皮靴，還有很多東西我都很喜歡，而比起名牌包也實用得多了。

拿著那個包包，有一個大大的 logo 掛在身上並不會讓你長得比較漂亮；最珍貴奢侈的，應該是自己的內在價值。

走在路上，真正讓我們感到自信的不是那些外在東西，而是因為心靈富足而散發出的快樂。

人家也不會因為你全身名牌而尊重你。

值得敬仰的人，往往都是最樸實無華的。

當下別錯過

不知道是不是到了某個年齡，特別愛懷念過去。

這一、兩年常常不自覺地陷入回憶中——懷念無憂無慮的童年、懷念年少輕狂的中學、懷念自由獨立的大學。那些回憶感覺都是那麼近、那麼真實。

某日，偶然在網上看見我兒時最喜愛的玩具「Polly Pocket」，便開啟了我收集起這玩意的大門。Polly Pocket 的概念是把不同的場景濃縮在一個小盒子裡，搭配著迷你的小人公仔把玩，場景可以是美麗的花園、豪華的公寓、歡樂的派對場景等。

別看那小小的塑膠盒子，那個微型世界乘載著每個小女孩對未來的憧憬。曾經是我多麼渴求的玩具，沉浸在那個世界，便是我最快樂的童年回憶。

然而，我的童年並不允許我在物質上予取予求。當年的我擁有的，只是一、兩款的 Polly Pocket，我會跟朋友交換著玩彼此擁有的而得到滿足。

曾經啊，那麼渴望擁有的玩具，卻在上了中學的年紀狠心地將這些令人尷尬的

「幼稚玩具」全部丟棄，迫不及待地想擺脫童年。現在，卻又拚命想要找回。人就是這麼反復無常吧。

所以，現在市面上常見到許多不同類型的懷舊品牌、卡通角色的商品誕生，就是抓住了我們這些願意為童年買單的中年人的心態。

諷刺的是，現在開始收集著童年時喜愛卻買不起的玩具，買得起年輕時覺得非常昂貴的牌子，卻買不起已經逝去的年少時光。

但又能如何呢？人生就是如此，錯過了就再也回不去。所以，有些事，現在不做，以後再做也已不一樣了。

人生沒有最好的年齡，只有最好的心態。

我們爭不過歲月，也跑不過時間，唯有以自己喜歡的方式，過好每一個當下。

懷念過去很正常，但活在當下更重要！

冷掉了的咖啡

寒冷的冬天，偶爾都想去餐廳，吃上熱騰騰的飯菜，再喝杯熱拿鐵暖暖身子，那對我來說，就是一種小確幸。

今天又是趁著兒子上學，出門採購完日用品，找了間 cafe 坐下來。

歲月靜好。

吃完熱呼呼的餐點，一邊喝著我的熱拿鐵，一邊滑手機。

鄰桌坐了一個媽媽，嬰兒椅坐著大約一、兩歲的孩子。她正在餵孩子吃飯，每餵一口前，她都細心地將保溫壺承裝的飯先吹涼，才放入孩子的口中。

不知道過了多久，她餵完孩子，清理乾淨，準備品嚐桌上已經放到涼透的咖啡及餐點；而才嚐兩口，孩子便又開始不耐煩呢喃著。

媽媽馬上把孩子抱入懷裡，溫柔地撫慰著，直到孩子沉沉睡去。

她單手抱著孩子，另一隻手把停在桌子旁的嬰兒車調整到平躺的位置，小心翼翼將孩子放到車上，然後她才真正開始吃飯。

看著她，就彷彿看到曾經的自己。

曾經的我，也是這樣呵護著還只是嬰兒的兒子。

每次出門揹著大包小包的嬰兒必需品，推著嬰兒車在城市裡穿梭，要找到適合推車的路線可能要繞很遠的路，若真的沒辦法，也只能又扛車又拿著一堆東西爬樓梯，時常還要面對突發的狀態。

我在想，我應該在那幾年，帶孩子出門的時候，從未吃過熱飯、飽飯，總是先處理了孩子的需求才到自己。

曾經的我啊！

日子過著過著，等到了孩子上學讀書，一天只有清晨、傍晚能相處的時光。

相信隨著年齡增長，這些共處的時間會愈來愈壓縮。

我居然，開始懷念那時候二十四小時寸步不離孩子的日子。

甩掉孩子去拍拖

暑假最後幾天，爺爺奶奶臨時起意，帶著孫子外遊旅行。

突然有幾天變成自由身，不想去得太遠，又不想只留在香港，所以就近訂了去澳門的酒店。近一點也好，因為是臨時決定約老公一起去，萬一他因工作緣故走不開，就算自己去也不會太陌生，畢竟澳門之前帶著兒子也去了好多次了。不同的是，之前都是親子行程，這次不用遷就孩子要去甚麼遊樂場之類的，總算可以想幹嘛就幹嘛。

其實除了訂好了酒店，我任何行程都沒有想。

在香港前往澳門的巴士上，才把手機裡的飲食玩樂 app 打開，查找有甚麼地方可以去。

找到了幾家咖啡店、葡國菜店，心想就去這幾家吧，然後「剛好」大三巴這種標準的旅遊景點在附近，還可以順便過去看看。

步行在澳門的小巷中，一手拿著咖啡，看著街景，偶爾拿起手機拍下的都不是甚麼著名的地標，經過了大三巴反而因為人太多，喪失了拍照的欲望。

步行在澳門的舊城區，老公說：「喂～你還記得我們第一次一起來澳門的時候，我帶你去鼎泰豐嗎？」

印象中那就是一家街邊小店，也叫做「鼎泰豐」，賣的也是小籠包，但一看就知道跟我所認識的台灣鼎泰豐不是同一家，他說他之前來澳門都是吃這家。

我說：「我記得啊，那家是山寨版啊！還好你有認識我，不然你應該一直都會以為那家就是台灣的鼎泰豐吧！」

我們兩個一邊笑一邊上網試著搜尋看看，可惜已經找不到了（搜尋結果都是正版的那家鼎泰豐），不然我還挺想再去回味一次的。

和老公吃飽喝足，今天安排想去的行程也都去了，吃了好幾樣想吃的街頭小吃，喝了兩家不同的咖啡店，超級市場也逛了，回到酒店，發現才晚上九點，原來沒有孩子的行程如此順暢……

帶小孩出去旅遊，行程總是很緩慢，時常都是玩到十點多才回到酒店，狼狽得要命。我們兩個不禁感嘆，原來兩個人行動效率這麼高啊，可能也表示彼此是很合拍的

旅伴吧！

最舒服的旅伴，應該就是想去哪裡就直講，不用不好意思，當然彼此也可以很斷然拒絕對方的提議，一點受傷的感覺都沒有。

隔天回到香港，爺爺奶奶也把兒子帶回香港了。

見到兒子，兒子第一時間過來雙手環著我的腰，然後抬頭對我說：

「媽媽，好幾天不見，你好像長高了！」

咦～這句話應該是我要對你講的吧？

他出差的日子

可能是習慣了，二十幾天的時光過得很快，老公出差即將返程歸家。我忙著把床單換洗好，把家裡徹底清潔，買好了煲湯的湯料，準備迎接他歸來，希望讓做了三個禮拜旅人的他能感到幸福。

說真的，只有我跟孩子兩個人的家乾淨、安靜很多。洗的衣服少一點，少一個人的飲食起居要照料，也少了很多因雞毛蒜皮的生活小事而煩躁易怒的情況，挺自在的。

這幾年來，每年總是有一、兩個月的時間是這樣的日子，雖然日子輕鬆，但是仍然每天算著日子，期盼他歸來，有他的地方才是家。

相隔千里，每天 whatsapp 報平安，互傳照片分享生活瑣事，還是比不過伴陪在身邊，甚麼事都可以商量（例如我想不到晚餐吃甚麼時，他可以很果斷決定好）。

跟香港相比，英國此時已是天寒地凍了，陽光日照的時間不長，因為他是做英國升學相關工作，學生是分布在英國各地，由最北到最南都有，他每天起碼都要開四、五個小時的車奔波忙碌，累的時候在休息站車內倒頭就睡，買快餐在車上隨意吃吃便

馬上趕路。

雖然三十幾歲人了，我還是會擔心他吃不飽穿不暖，在行李箱塞了很多小零食給他也不知道有沒有甚麼幫助，但就是盡量吧。

我一直很欣賞我先生的一點是……他從來不會抱怨這個、埋怨那個，即使是那麼累，離家幾千里，經過甚麼漂亮的風景還會傳給我說：「這裡很漂亮，下次帶你跟兒子來。」還會用他僅有的兩個小時空檔去買兒子要的書。

所以，雖然開玩笑說沒有他的家，家務減半，但真的也想說：「辛苦你了。」

家之所以為家，就是因為每個人各盡其職，沒有誰欠了誰。

人到中年，早過了對愛情有炙熱幻想的年紀，能支撐兩個人一起過一輩子的不是愛情，而是互相理解和體諒。

PART V
老去的身影

婚禮一天，婚姻一輩子

距離我與先生結婚，已經過去了十四年了，婚禮很多細節已經記不清，當年並沒有大開宴席，只是去了中環的大會堂婚姻登記處註冊。

雖說只是簡單登記，但我先生身為他們家族那一代第一個結婚的，而我也是我朋友群中第一個步入婚姻的，所以當知道我們結婚的消息，周遭的親人、朋友大都很看重這場婚禮。本來只是想低調地去登記，結果仍有很多親朋好友出席觀禮，包括先生那邊的許多親友、長輩們，也包括了我來自台灣的父母、哥哥，還有四個台灣的大學好朋友都特地飛來香港觀禮。

這場本來很想從簡，但最後卻變成「很熱鬧的」登記儀式，有點手忙腳亂，顧不上太多要注意的細節，但有一件事讓我無法忘懷。

在當天現場，突然就見到了老爸跟先生那邊的「某位親戚」如故人般暢談起來。

咦？甚麼情況？一個台灣人、一個香港人，本來應該是毫無交集的兩位，他們是怎麼聊起來的？

當時我因為忙著跟到來的親朋戚友合影，無法第一時間了解狀況。直到那位親戚來跟我們合影時才真相大白。原來這位是我先生的「表叔」，而他在一個多月前曾到訪台灣，他在登山的路上，遇見了也在登山的我爸。

世界如此大，緣分卻如此奇妙啊！

事後，我爸再跟我們補充了他們的相遇。原來當時是因為表叔的問路才有交集，我爸知道對方是香港人後，便告訴他，自己的女兒即將遠嫁香港，他擔心我嫁到香港不適應，也對香港這個地方不了解，所以鼓起勇氣向「陌生人」請教他的看法。結果，居然在自家女兒的婚禮相遇了。

直到現在，我偶爾都會想起這件事，一來覺得緣分確實是妙不可言，二來也對於老爸擔心我而與對方攀談這件事，覺得感動。畢竟，一開始誰都不確定這段婚姻會如何。

即使婚禮多麼豪華、熱鬧，那只是短短的一天。來參加的賓客可能參加過無數婚禮，他們會為你慶祝一天，但從今往後的婚姻生活是兩個人在過。婚禮只有一天，而婚姻是一輩子。

當了媽媽好幾年的我，愈來愈能體會當年爸爸的憂心。旁人替你開心的就那麼一天，但是老爸替你擔憂的是你的一輩子。

老爸的新衣

前幾天趁吃飯等位的空檔，借意帶爸爸去 Uniqulo 逛逛。

（如果我直接跟他說要帶他去買衣服，一定會被拒絕～）

我指著一件羽絨外套，跟他說：「這件很輕喔，買一件吧，你要甚麼顏色？藍色好不好？」

他指著自己身上那件外套——那件他大概已經重複強調過幾百次，連我老公都聽過無數次的那件在一九九六年買的外套說：

「這件還好好的啊！Bla bla bla……（下省略千字他覺得這件外套有多好的原因），而且你上次給我買的，我還沒穿。」

噢，對，我都忘了之前給他買了一件外套，但從沒看到他穿過。

然後帶他去內衣區，最近台灣也冷，想給他買發熱內衣，他也說不要。

「我現在穿的是之前你哥、你大嫂買給我的，是羊毛的喔，好保暖啊！」

（呵，我哥都離婚幾年了，不知道是多久前買的了。）

問他要不要買甚麼，都說：「不用了、不用了！」

反正就是每次不管要買甚麼給他，當面問他，都不會成功。

最近幾年，我常會想，好像以前小時候從來也沒有了解過我爸這個人。

以前一直覺得他是沒甚麼感情的人，好像一直在計算錢的事，他的計算不是因為貪財，而是他很節省，這個要算那個也要算，小時候的我常常覺得他那樣很寒酸。

高中的時候，讀的是台北市的學校，同學們的爸媽大多都是做很體面的工作，而我爸爸是碼頭工人。當年不懂事的我，從來不敢跟同學說我爸爸是做甚麼工作的，我怕丟臉。

以前也總是跟他吵架，甚麼難聽的話都說過。他也不懂表達，然後我就把錯歸咎於他沒唸過書，根本也不了解我。

大概是當了媽媽的這幾年，撫育了自己的孩子，才發現自己當年有多幼稚、多不懂事。

大概是媽媽走了，才發現自己有多怕爸爸也會走。

雖然說娘家已經沒有娘了，但每次回娘家，爸爸永遠都是早上第一個起床，幫我把早醒的小鬼帶出門去吃早餐、去公園玩，讓我睡個好覺。

大家一起吃飯，他也總是第一個吃完，然後幫我們帶小孩，讓我們好好吃飯。

每次我們回台灣，他會把所有時間留給我們，有親朋戚友約他，他會說：

「我女兒要回來了，我會比較忙，沒有空喔！」

他常說他以我為榮，但是我更以他為榮。

真的很感謝我有這樣的爸爸。

雖然在這個大社會底下，他很渺小；但是，他是我們家的巨人。

陪媽媽的最後一段路

媽媽是在二〇一六年的年頭，發現患上子宮內膜癌，一經確診，已是第四期。

這一年帶著孩子來回香港、台灣間奔波，變成我們的常態。

自從媽媽抱病，我在香港常常都會跟媽媽用 Facetime 通訊。

然後有些不願給媽媽知道或擔心的事，我就會私下跟哥哥聯繫，幾乎是兩天就會通一次電話。

十二月十三日晚，似乎已經習慣深夜跟哥的通話，習以為常地聽著哥訴說著媽的病情。

直到他說了那句：「醫生說，可能就是這幾天了……」我才意識到，這次不只是病情惡化，是已經惡化到最惡化的地步了。

十二月十四日早晨，將本來是十二月十五日的航班提前改到十二月十四日下午，匆忙收拾行李前往機場。

在香港機場的餐廳，跟孩子一起吃著午餐的時候，哥哥的來電打斷了我們。

接下電話那刻，只聽見哥的哭泣聲。

我的眼淚忍住不掉下來，直到他告訴我：「媽媽……快不行了。」

測不到血壓了。

一邊流著眼淚，一邊跟哥說，不能讓媽媽聽到他的哭泣聲。

我提醒著：「你不要在媽媽旁邊哭，我怕媽媽會捨不得、會害怕。」

媽媽患病後，我常想像著，如果自己是媽媽，瀕死之際，應該會有多麼地孤獨無助，而既然逃不過死亡，我想我會想聽最親的人跟我堅定地說著：「沒關係，不會有事的。」而不是在我旁邊哭哭啼啼。

仍在外地的我，可能沒有在場的衝擊，還能冷靜地告訴哥：

「如果我們真的來不及，媽媽走的時候，一定要幫媽媽助念，不能在她面前哭泣，她才能早登極樂……」

我請哥將電話擴音拿到媽媽耳邊，跟她講了：

「媽媽，我們在機場了，要上飛機了，等我們一下。」

聽到電話另一頭媽媽的呻吟聲，用一種我一點也不熟悉的方式回應著。

講完電話，吃到一半的飯再也吃不下去。可是已經沒有想哭泣的感覺，只剩下心急且實際的想法：「我要趕快回去！」

但，我們搭乘的班機已經延遲一個小時起飛（長期搭乘台港航線的我們真的鮮少遇到延誤），我們在機艙裡又苦等了好一陣子。

心急如焚的我已經在心中做好無法見最後一面的打算。

從香港回台灣就只是一個多小時的航程距離，但在那一天，這樣的距離，卻像隔了一片大西洋，那段旅程是一場漫長的折磨。

期間一直跟哥用手機保持聯絡，收到他說媽的血壓、脈搏正在下降中。

告訴哥我們要起飛了，手機啟動飛航模式前，哥告訴我：「媽一定會等你們。」

飛機落地台灣後，盡我們所能一路狂奔，搭上計程車的途中，哥心急地問我們還要多久，「媽的血壓又再次下降，已經降到三十以下……」

我坦坦白白告訴計程車司機：「對不起，我媽媽快要不行了，我要見她最後一面，可以開快一點嗎？」

當時候已經在高速公路上，計程車司機幾乎是用飛車的方式將我們送達醫院。

真心感激他，我知道他完全可以拒絕我們的要求。

實在太急了，等不及電梯了，我們直奔二樓的病房，在病房走廊，遠遠地就看到爸爸招著手叫我們趕快過來。

媽的病床，在病房最裡面的床位。

一進病房，還沒看到媽，先看到病床拉上了布簾，但飄出濃濃的阿摩尼亞味，遠遠都能聞到。

聽到布簾後傳出媽媽平時聽的佛樂。

所以，這就是最後了嗎？我的腦海一片空白，無法釐清自己的思緒。

進到布簾後，護士及哥正在幫忙媽媽換衣，她就這樣癱軟著，嘴裡時不時發出小小聲的哀號。

護士請我上前跟媽說我來了。

忍住眼淚，告訴媽媽我是誰，我跟老公還有兒子回來了。

媽媽的眼神是渙散的，伴隨著微弱的哀號。

聽到我們回來後，她努力發出較大的聲音，眼淚從眼睛流出來。

我告訴她：「媽媽，我們都在這陪你。」

至今為止，這都是我人生中最震撼的畫面，我的心靈最無所適從的一刻，但卻強裝鎮靜。

我想我的鎮靜，只是因為不知道如何反應，以及不願讓媽媽知道我們的不捨及心疼；畢竟，這過去的十個月讓我們已經很擅長這樣的掩飾。

趕緊幫忙媽媽抹身、更衣，幫她褪去醫院的病服，換上自己的衣服。

「媽，我們出院了，好嗎？」

抹身的水變得很污穢，但沒有人提出來，我想面對這種情形，大家的大腦都是無所適從，沒辦法正常運作。

我拿著臉盆去病房的廁所換水，打開水喉，嘆了一口氣，看到鏡中的自己，眼淚就流了下來。

一邊換著衣物，一邊跟媽聊天。與其說是聊天，其實就是硬著頭皮講些甚麼。

曾看過一些關於瀕死的書籍，都說聽覺是瀕死的人最後消失的能力，甚至死後幾個小時都依然存在，所以我知道她有聽到。

死亡，這件事是我從未經歷過，而媽正在經歷生與死的交替，我想說些話，讓她沒那麼緊張。

媽的呻吟聲愈來愈小，直到沒有聲音。

換完衣服，我們輪流坐在病床前跟她說話，直到心跳停止的一刻。

那是我們趕到醫院後的半小時。

媽的手機就擺在她枕邊播著佛樂，靜默的我們，沒有人敢在病房哭泣，只有佛樂繼續播放著。

才想到已過了晚餐時間，老公在便利商店隨便買些甚麼，一歲大的兒子就坐在病床旁一邊看著沉沉睡去的外婆，一邊吃著晚餐。

護士過來輕拍媽媽，告訴她：「〇〇〇（媽的名字），幫你拔人工血管喔。」

那個化療用的人工血管終於被移除，媽再也不用受這些折磨了。

不久後，值班醫生來到，在我們面前說出死亡時間是八點零四分，並把死亡證明文件交給我們。

等待葬儀社的人前來的同時，我還是斷斷續續跟媽講話，握著她尚有體溫且柔軟的手。

我一點也不害怕，只想感受她最後的體溫。

直到葬儀社的人來到要將她移出病房時，請我們告訴媽媽：「出門了。」

我們彼此的聲音都是帶著哽咽的，但沒人哭出聲音。

所以，她真的是死人了。

送到殯儀館的存屍冰櫃前，家屬止步，跪拜磕頭後，那道門關上。

死亡，就這樣殘忍地隔開我們與媽媽。

他們要送她去哪裡？為甚麼要把我媽媽冰起來？媽一個人會不會怎麼樣？

我真的無法停止一堆幼稚的想法在腦中徘徊。

例如說，她可能根本還沒死，你們就把她冰起來，她一定很害怕。

坐上哥的車子，我的思緒就被拉去思考其他問題：

「好晚了，兒子還沒洗澡，該上床睡覺了。」

回到酒店，若無其事般地幫兒子洗澡，安撫他上床入睡，然後自己也洗完澡，終於可以好好坐下來，再次確認明天殯儀社等安排。

看著哥 Line 傳來的照片，問我：「媽媽的遺照用這張好嗎？」

處理完所有雜事，我躺在床上發呆，老公抱著我甚麼也沒說。

回想今天到底發生了甚麼事，無法安眠也是理所當然。

隔天，我與家人到殯儀社處理殯葬事宜。冷靜地討論著該如何安排，直到葬儀社的人問我們要甚麼顏色的棺木，有原木色及紅色可以選擇。

葬儀社的人說：「雖然媽是因病去世，但以年齡來說，也是過了一甲子，不如就用紅色棺木吧！」

聽到這，我眼淚忍不住一直流出來……一甲子很多嗎？我媽媽才六十一歲，昨天還在，今天變成死人躺在冰櫃，我實在不想接受這個事實，而我們居然還坐在這幫她挑選紅色的棺木。

本來想提出我的反對，卻被眼淚侵襲，直到爸爸說：「就紅色吧，她喜歡紅色。」

我無從反對。

或許直到這刻，才意識到她是真的走了……

父母的溫柔

這兩年疫情過去後，孩子的年紀漸長，我開始有心力能招呼爸爸來香港或是去旅遊。

每次爸爸偶爾來香港短住，送他去機場後，回到家看到摺好的被子、洗好的杯子，把所有東西都放得好好的，就會開始想念他。

例如早上煮了飯給他，我便出了門，留了紙條叫他別洗碗，放著就好，而我爸還是把碗洗好，連電鍋都洗乾淨，所有東西都物歸原處，還會跟我說：

「謝謝，飯煮得很好吃。」

哈，其實也不是我煮的，我只是洗好米，放電鍋煮的。

這幾次他來香港或是帶他去旅行，他總是會感慨：

「你媽媽太早往生了，沒有機會一起來旅行，沒有福氣看到孫子已經那麼大了。」

這令我回想起兒子剛出世時，當時媽媽還未過世，那次他們兩個一起來香港探望剛出世的外孫。

因為空間問題，當時我是住在奶奶家，而他們就住在我家。當時我被新手媽媽的生活折磨得不成人形（是的，我確實想用這個詞～），每天就是在餵奶、哄睡、洗奶瓶、陪兒子看醫生的無限輪迴中渾渾噩噩地度過。這個期間沒辦法好好招呼他們去哪裡遊玩，他們沒有抱怨，也不敢打擾我，閒暇時兩老自己出去爬山，等我「準備好」他們才來看望孩子。

等到他們離開了，回到自己家，才發現他們把我家打掃得乾乾淨淨，連垃圾都處理好，感覺不像是來作客的，比較像是來幫我清潔的。

他們太了解我的性格了，看到如此狼狽的我，在這麼慌亂忙碌的時期，「不要多嘴、不要指揮我」是正確的做法，不然我只會更焦慮、暴躁。

不給我製造麻煩，不忍心給我壓力，但卻默默地守護著我，希望幫我減輕負擔，這就是父母對孩子的溫柔啊！

所以，爸爸每次感嘆媽媽不在了，我就在想：「是啊，如果媽媽能活到今天的話，

該有多好。」

很多事現在才可以做到，想要好好報答她，只可惜沒有機會了。

我覺得，孝順父母是理所當然的事，起碼在我們這一輩還算是，以後就不知道了，我們也從不奢求孩子未來能奉養我們。

爸爸是老一輩的人，但爸爸從不會有那種「我以前養大你，你現在孝奉我也是應該」的態度。每一次、每一次都跟我們說：「謝謝。」更常常擔心我們破費，或是給我們添麻煩，甚麼都說不需要。

所以，我也很想跟他說：「謝謝！」謝謝他以前養育我，也謝謝他現在沒有一副理所當然的模樣。

沒有誰欠了誰，純粹只是親情。

必須珍惜。

老爸的心意

你們會不會有這種情況——有些東西老人家覺得很好，一定要塞給你，但你真的不喜歡，卻又不敢狠心拒絕。

「這不是我想吃的那一種。」兒子咬了一口鳳梨酥，露出委屈的表情。

每次回台灣，臨走前，爸爸總是會準備「伴手禮」給我們帶回香港，更會多買一些讓我們分送親友。

買的總是那幾樣，就是我們家附近那幾家他心目中的「名店」所販售的傳統酥餅。

剛開始還好，收到後大家覺得很開心，但大概是因為不合香港人口味，久而久之，取而代之的是一種……「其實我不是很想收到」的感覺。

我心裡覺得很難為，但是又無可否認那些帶回香港的伴手禮，真的……不受歡迎。

曾經很委婉地請爸爸不要破費，也曾撒謊說行李沒有位置，但就是不願意實話實說告訴他——「真的沒幾個人喜歡吃那種餅。」因為實在是不想傷害爸爸。

而爸爸每一次都必定會準備伴手禮。

這次回去，已經把不要買伴手禮的理由先想好——

「我們家還有很多過年時收到的賀年食品，實在太多了，肯定會吃不完，過期丟掉就太浪費了！」

跟爸爸表達過後，怕他失望，我還特地補充：

「如果你真的想買些甚麼給我們的話，不如買咖啡粉吧，咖啡我每天都會喝。」

爸爸聽我這麼一說，拎著鑰匙就出門去超市了。

片刻過後，他除了買了咖啡粉回來，也還是買了一盒傳統的酥餅，這次裡面有幾塊是鳳梨酥，因為他覺得孫子會愛吃鳳梨酥，便特地買了這個款式。

我在心中嘆了一口氣，但是我不能說出口去否定爸爸的愛心，因為那就是老人家的固執跟堅持吧！

我心疼的是爸爸的愛心，沒有讓我們開心（是的，包括我自己，我承認～），反而是有點負擔。

就是這樣複雜的情緒。

雖然很感謝爸爸的愛，卻又不知所措。

面對老去

這次回來台灣，發現爸爸又老了一點。

「那個〇〇〇死掉了，我星期一要去告別式。」

他一邊說著，一邊查閱他的筆記本，上面記錄著我媽媽過世時，來喪禮的親友包了多少錢的奠儀（帛金），以作參考。

然後，他打電話給會一起出席喪禮的兄弟。

聽他們的電話內容，除了商量「價錢」，還聽到了一句：「對啦對啦，就這樣啦，到此為止啦。」然後我就明白了。噢～應該就是人都死光了，跟他們那邊「到此為止」的聯繫、互不相欠的「奠儀」人情事故。

講得那麼輕鬆，毫無感情，好像也表示老爸對死亡這件事無所畏懼那樣。

老實說，我這種年紀的中年人，經歷過我媽媽離世，也面對過身邊長輩離世，又或是哪個朋友離世，就算是不熟的人，我聽到某個認識的人過世了，心裡還是有點波瀾。

看見我爸把白包拿出來，並迅速熟練地寫了幾個字在白包上。而那一整包的白包已經用到最後一個了。

雖然不是短時間內快速被用掉，但我還是覺得有點不可思議，那一包白包就算本來沒有十二個，也至少有十個吧？

原來爸你參加過那麼多人的喪禮嗎？

我不知道他怎麼調整自己的心態。但又覺得，他這樣「制式化」的處理方式，可能是他勇敢的方式。

昨天去買在家附近的鹹酥雞，那間我們從小吃到大的攤檔，以前是老闆與老闆娘一起做，這幾年只剩下老闆和他的孩子在做。昨天買的時候，發現老闆也開始「退化」——明明以前打包食物、算錢多麼地俐落，就算人很多，客人只講一次的東西他大都不會記錯；昨天站在那裡等待的時候，卻看到他起碼出錯了兩、三次，給錯東西、加錯料、算錯錢。旁邊的兒子，甚至客人都幫忙糾正。

唉，那不就是我跟我爸的縮影嗎？

我覺得，人老是必經之路，當事人可能都沒有察覺自己老了，但在旁邊的我們，卻看得很清楚，然後便會忍不住心就糾結了。

SURPRISE TABLE
驚喜餐桌～

這是兒子在繪畫班的作品，根據世界名畫《吶喊》所創作出來屬於他自己的「吶喊」。

原畫中人物的誇張表情體現出來的焦慮與恐懼，在兒子的筆下反而有種誇張的可愛感，啟發了我的靈感！

吶喊冷麵

吶喊冷麵

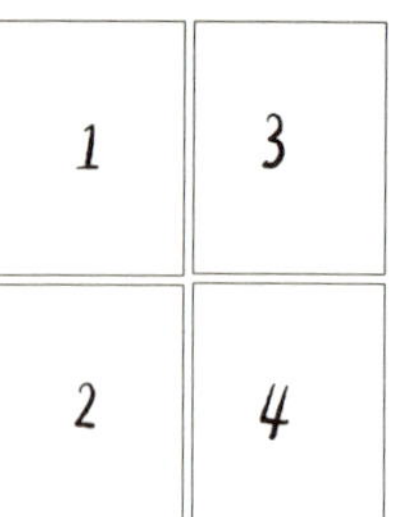

材料：

白麵條、蕎麥麵、蝶豆花、紅蘿蔔、蛋絲、蟹柳、牛蒡、芝士、紫菜、冷麵汁

工具：

剪刀、夾鉗、切刀

做法：

1/

・先煮好白麵條及蕎麥麵，盛起備用。

・留下少許白麵條，鍋中放入少許蝶豆花，做出染色效果。蝶豆花的多寡及麵條浸泡的時間，都可以影響顏色的深淺，藉此煮出不同色調的藍色麵條，讓擺盤的顏色層次更豐富！

2/

・切好紅蘿蔔絲、蛋絲、蟹柳絲。

・利用不同色彩的絲條排出天空的層次感。

・逛日式超市時，無意之中發現了可即食的涼拌牛蒡，除了很適合作為這幅畫的「欄杆」之餘，爽脆的口感也很適合搭配冷麵。

3/

・用蕎麥麵做出人物的大致外形，善加利用麵條的彈性及線條做出理想的輪廓。

・將芝士片裁切圓形作為眼睛。

・再用紫菜剪裁出人物的衣服、眼球形狀。

・人物的臉形及嘴巴可利用黑木耳裁剪出（如沒有的話，可用紫菜代替）。

・可用夾鉗將五官及衣服擺好位置。

4/

・完成！可依照個人的喜好佐上喜歡的冷麵汁。

看！兒子中午放學回家看到午餐是吶喊冷麵，超級興奮！

雖然我的可愛造型料理受眾（也就是我兒子）是男生，但是偶爾我也會想做些比較女生、可愛的造型。

喜歡做造型料理，不只是因為享受專注的過程，做完以後，看到精緻可愛的料理，心情也會非常美妙！

俏皮狗狗麵

俏皮狗狗麵

材料：
番茄肉醬汁、麵條、紫菜、火腿片

工具：
剪刀、夾鉗、牙籤、切刀

做法：

1/
・番茄肉醬汁煮好後，先將醬汁擺盤。

2/
・麵條煮好，瀝乾後，可以先泡入冰水裡冰鎮，一來過了冰水麵會比較有彈性，二來麵條不會黏在一起，比較方便操作。
・將麵條擺出狗狗的外觀，包括身體、頭部、兩邊耳朵。

3/
・狗狗頭頂的毛，可以用繞圈的方式呈現，讓整體造型更活潑！

4/
・將紫菜剪出小狗的眼睛、鼻子。

5/
・把剪好的眼睛、鼻子用夾鉗放上。
・然後可以剪一小段的麵條作為狗狗眼睛的眼白，放到眼睛上。

6/
・按照狗狗臉的比例，用火腿片剪好一大一小的長方形條，並準備好一小段牙籤。
・另外也將火腿片剪出狗狗舌頭的形狀，

7/
・將小火腿片圍繞著大火腿片，再用牙籤固定，蝴蝶結就完成啦！

8/
・再將蝴蝶結及舌頭放上，就完成啦！

狗狗的造型可以自由發揮，這是我之前做過不同款式的狗狗麵。

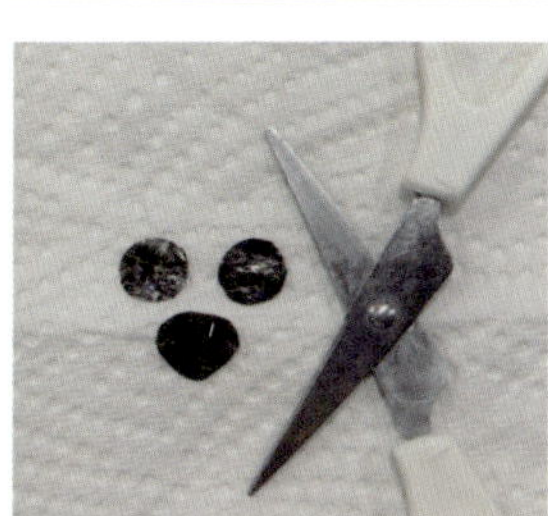

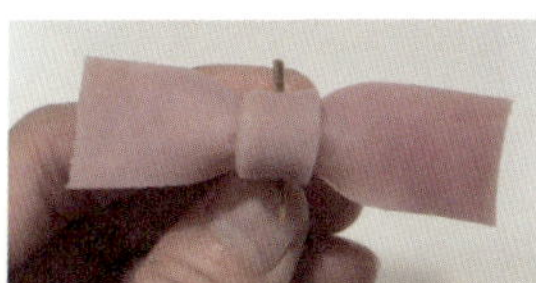

自從某次去過農莊，親眼目睹羊駝的呆萌可愛，腦海裡就浮現了想要把牠做成造型料理的想法，但遲遲沒有動手，因為還沒有聯想到甚麼食材適合。

直到某天逛街市，看到椰菜花，靈機一動……這樣的顏色、質感，不就是最適合拿來做羊駝毛茸茸的身體嗎？做吧！

可愛羊駝飯

可愛羊駝飯

材料：

福菜花（或椰菜花）、雞蛋、白飯、紫菜、番茄醬

工具：

剪刀、夾鉗、牙籤

做法：

1/

・先把福菜花水煮、瀝乾（我用的是福菜花，其實椰菜花也是可以喔，因為它們的顏色、質地相似，都很有羊駝毛的蓬鬆感喔～）。

・將雞蛋水煮、去殼，切出小圓形，作為羊駝的鼻嘴部位。

2/

・將白飯揑出羊駝的臉形。

3/

・將水煮蛋放上白飯揑出的臉形上。

・把福菜花切成一小撮，就可以沿著羊駝的臉擺盤了。

4/

・用白飯揑出三角形，幫羊駝添加耳朵。

5/

・用紫菜剪出羊駝的五官，以夾鉗放到臉上，記得幫牠加上睫毛，長睫毛也是羊駝一個很重要的特色喔！

・最後用牙籤點番茄醬幫羊駝畫上耳朵及胭脂，顯得更俏皮可愛！

6/

・搭配主餐，就是一頓菜量豐富又可愛羊駝餐了。

伴碟用可愛小花朵的做法——

用花模具印壓紅蘿蔔切片，在花瓣的各個凹點向中心點輕輕直切出一條條的直線（小心不要切斷紅蘿蔔），再以斜切的方式向直線切，與直線交集時會切出一小塊紅蘿蔔，每條都切好就會形成花的紋路囉！

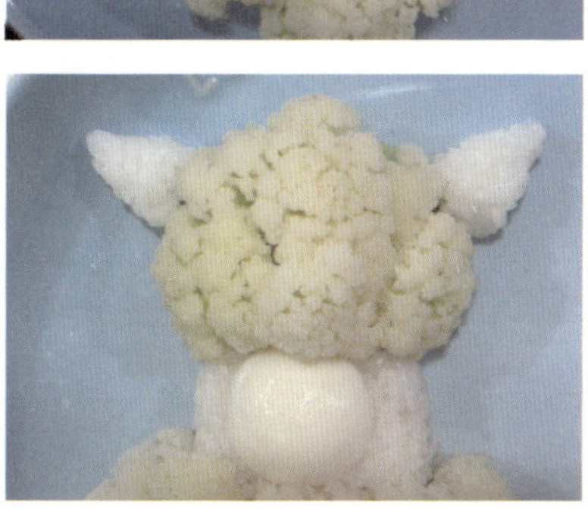

LE CREUSET

經過一個暑假的折磨（笑～），媽媽期待已久的九月校門開囉！當然，更重要的是……這是孩子新學年的開始，意味著升級去迎接新的挑戰及校園生活，多麼值得紀念的一天啊！

所以，每年我都會抱著正面積極的心情，為兒子做一個「開學特餐」，幫他打氣鼓勵，同時也是為自己加油，孩子的成長路及媽媽的育兒路上，又添了一個新的里程碑。

開學日早餐

開學日早餐

1	3
	4
2	5

材料：

麵包多士、火腿片、芝士片、果醬、威化餅、水果

工具：

餐刀、可食用色素筆、餅乾模、牙籤

做法：

1/

・練習簿作法：將兩塊麵包多士裁切成長方形，把其中一塊多士，用藍色色素筆畫上一條條橫條，再用紅色色素筆在適當位置（約前五分之一處）畫直線貫穿；兩塊麵包多士片中間夾入火腿片、芝士片或喜愛的餡料，即可。

2/

・記憶麵包：使用餅乾模的外框將麵包多士壓出形狀，印壓出兩塊有形狀的小多士。

・然後將色素筆塗畫在餅乾模的凸起處，再印壓在其中一塊小多士上，兩塊多士中間可以夾入喜歡的餡料或是果醬。

3/

・直尺威化餅：用黑色食用色素筆在威化餅邊緣畫上線條就可以囉！

4/

・鉛筆：將麵包多士裁切成鉛筆的形狀，用黑色食用色素筆畫出筆尖，然後用牙籤（或餐刀）在芝士片上劃出筆身的紋路。

5/

・文字：用不同的水果及數字餅穿插組成，看起來色彩繽紛、豐富，方法便是水果先切片，用字母模具壓出需要的文字即可。

用餅乾模印壓多士的技巧非常實用，可以用不同模具做出不同造型，不論是早餐的多士或是午餐盒的三文治，都可以使用這種方法增添食物的趣味性喔！

Edible Ink Marker

Edible Ink Marker
2×3=6
5×2=10
3×4=12

BACK
TO SCHOOL

隨著兒子年齡漸長，現在他跟爸爸之間的親子活動有一項已經變成「打機」，我時常都會提醒他們控制玩的時間，變成囉嗦的老媽子。

但沒辦法，誰叫你們兩個男孩子一打機，就像女孩逛街一樣忘了時間呢？媽媽囉嗦歸囉嗦，也還是默默做了遊戲機主題的早餐，為了討你們歡心！

遊戲機三文治

遊戲機三文治

材料：
麵包多士、蟹柳、火腿、青瓜、芝士片、紫菜、沙律醬、番茄醬

工具：
切刀、剪刀、夾鉗、粗吸管、幼吸管

做法：

1/
・先將兩塊麵包多士裁切成遊戲機手把的形狀。

2/
・利用粗吸管印壓在蟹柳、火腿、青瓜、芝士片上，再利用細吸管印在已經印壓出圓形的芝士片上，這樣就是遊戲手把上的圓形按鍵，然後再沾一點沙律醬，貼在多士上。

3/
・再用紫菜剪出遊戲機的其他按鈕及線條，沾少許沙律醬後貼上多士上（可用夾鉗輔助擺放位置）。

4/
・剛剛用過的蟹柳、火腿、青瓜、芝士片，稍作裁切，可以夾在多士中間作為餡料，再依照個人喜好添加沙律醬或是番茄醬，就大功告成了！

吸管可以用平時外賣飲料、珍珠飲品的吸管，因為我家習慣用環保吸管，所以我這裡用的是環保吸管，其實兩種都可以輕鬆操作到喔！

過年期間，家裡免不了柑、桔作為賀年生果，寓意「大吉大利」。

我發現超市裡的砂糖柑，不但甜，也很容易剝皮，趁著過年，跟小朋友一起創作出濃濃新年味的「吉祥如意燈籠」再適合不過了！

吉祥如意燈籠

吉祥如意燈籠

材料：
砂糖柑

工具：
剪刀

做法：

1/
・洗乾淨砂糖柑後再剝皮，外皮很有用喔，可以作為燈籠的兩端、提繩及流蘇尾。

2/
・對半的柑，就是一個燈籠囉！

3/
・利用柑皮本身的弧度，剪出流蘇，會更有飄逸的感覺喔！

4/
・因為十分簡單，小朋友也能輕鬆參與，一起做出來會很有成功感！

剝皮時，盡量完整地剝出大塊的皮，
以利剪出燈籠的流蘇尾！

福
春

身為一個家庭主婦，我們並不是每天都正能量滿滿的，總是有情緒低落或是煩悶不堪的時候。

別擔心，這絕對正常，因為我們也是人，也會有情緒，生活總是充滿著起伏，有時候也要適當擁抱自己的壞情緒，耍廢擺爛過後，我們又可以重新出發，步上正軌！

做個厭世的餐蛋麵餐給自己吧！暫時先別管它甚麼營養價值、健康成分，吃完保證心靈健康！

厭世主婦餐

厭世主婦餐

1 2 3
4
5 6

材料：
雞蛋、腸仔、撈麵、紫菜、溏心蛋（或水煮蛋）

工具：
切刀、剪刀、筷子、夾鉗

做法：

1/

・將雞蛋、腸仔煎好，上碟擺盤。蛋煎得不夠美也沒關係，因為就跟我們的臉一樣，不需要那麼完美無瑕，有點小缺陷也很可愛！

2/

・煎蛋的同時可一併煎腸仔，小秘訣就是用筷子或菜鏟將腸仔推到鍋邊緣煎，就會有嘴巴的微彎弧度出來囉！

3/

・撈麵煮好、撈好醬料後，將麵條排成披頭散髮的樣子，或是用筷子輔助捲成圓球狀排好也可以，可以自由發揮。

4/

・最後就是最精彩的表情了！用紫菜剪出眼睛（可用夾鉗輔助擺放位置），可以隨心創作，做出屬於你自己的表情。這是最簡單的版本，簡簡單單已經可以體現神情及心情！

5 & 6/

・再進階一點，可加上溏心蛋（或水煮蛋）作為眼球，會更立體、更有憔悴感喔，也是用紫菜加上不同的眼神，顯現傳神的表情！我曾做過不同表情的撈麵，就算本來有甚麼不開心的事情，每次做完以後，都會會心一笑，心情也會變好喔！

類似的做法，當然也可以做成「開心」的版本！不同的麵條，也可以呈現出不同的感覺喔！

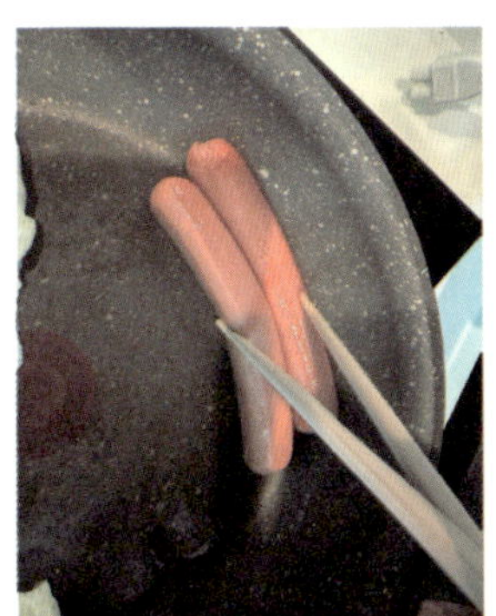

我經營著一家叫「媽媽」的店

作者——暴龍媽媽
攝影——暴龍媽媽
設計——@freeflow.imagination
編輯——阿丁 Ding
出版——格子盒作室 gezi workstation
郵寄地址：香港中環皇后大道 70 號卡佛大廈 1104 室
網上書店：gezistore.company.site
臉書：www.facebook.com/gezibooks
IG：www.instagram.com/gezi_workstation
電郵：gezi.workstation@gmail.com
發行——一代匯集
聯絡地址：九龍旺角塘尾道 64 號龍駒企業大廈 10B&D 室
電話：2783-8102
傳真：2396-0050
承印——美雅印刷製本有限公司
出版日期——二〇二五年七月（初版）
國際書號——ISBN 978-988-75726-6-4

格子盒作室 gezi workstation